グローバル企業法講義

髙田　寛 著

文眞堂

は し が き

　遠く離れた異なる地域間の交易は，古くはアジアとヨーロッパを繋ぐシルクロードに遡ることができる。また，紀元前のローマ帝国では，エジプト，メソポタミア等の数千キロ離れた地域との交易も盛んに行われていた。その意味では，古代の人たちも，現代のグローバル化と同じ意味合いでの交易を意識していたのかもしれない。

　世界初のグローバル企業は，1600年にアジア貿易を目的に設立されたイギリスの東インド会社であろう。東インド会社は，17世紀から19世紀にかけて，インドやアジアを中心に世界中の地域と盛んに交易をした。その2年後の1602年に設立されたオランダの東インド会社もインドやアジアを中心に交易を盛んに行ったが，世界初の株式会社としても有名である。

　このように，遠く離れた異なる地域との交易は，その地域固有の特産品を異なる地域に移動させ販売することにより利益を上げるビジネスモデルが基本にある。この構造は，基本的に今でも同じであるが，21世紀に入り，単なる特産品の移動・販売に限らず，部品・原材料，製品，サービスの提供，金融，労働力，情報等あらゆる財が，特定の地域や国を越えて，短時間で生産・流通・消費される時代に入った。

　この背景には，航空機や船舶等の輸送手段の発達により流通システムが整備されたことや人の移動も迅速にできるようになったことが挙げられる。また，インターネット等の通信技術の進展により，情報が安価にかつ瞬時に世界中に届くことも忘れてはならない。近年，大企業に限らず中小企業においても，海外との取引は年々増大し，ビジネスのグローバル化は急速に進んでいるが，このようなインフラが整備されたことと無関係ではない。

　グローバル企業という言葉に厳密な定義は存在しない。しかし，企業の形態としては世界の国々や地域に子会社，営業所や生産拠点を持つ多国籍企業であり，商品やサービスを国・地域や市場の違いを超えて，世界中のニーズに対し

て商品やサービスをグローバルに提供する企業又はグループ企業ということができよう。これらグローバル企業は，国境を越えてのビジネスが多くなるため，国内のみにクローズしたビジネスを行っている企業と異なり，様々な法的リスクを抱えている。そのため，グローバル企業では，法務スタッフのみならず全ての役員・従業員は，グローバルビジネスに内在する法律問題を絶えず意識しておく必要があるであろう。

　本書は，これらのグローバル企業がかかえる基本的な法律問題について，簡単な事例を交えながら，わかりやすく解説した初学者のための入門書である。もともと，筆者の大学での「グローバル企業法」の講義ノートをまとめたものであるが，読者として，大学の学部生及び大学院生のみならず，グローバル企業の新入社員や若手社員等を想定している。

　グローバル企業は，アメリカ，イギリス，日本等の先進国に多く存在するが，本書では，日本法を準拠法に設立された企業を想定している。特に，日本企業が，海外でグローバルにビジネスを行うための基本的な知識は何か，またどのような法律問題が存在し，どのようなことに気をつけなければならないのかを，筆者のグローバル企業での知識・経験を基に解説した。

　本書を通読することにより，短時間にグローバル企業が抱える法律問題の基本的な知識を身につけることができるであろう。しかし，これらは，グローバル企業の抱える法律問題のほんの一部であり，その範囲は広く深い。また，業界により特殊な法律問題も多く存在する。残念ながら紙幅の関係上，すべての法律問題を取り上げることができず，十分な紹介及び解説ができなかったのが若干心残りである。読者諸氏には，本書の通読後は，関連した書物によって，より一層知識を増やしていただきたい。

　本書が，読者諸氏のグローバル企業法の学習の最初のステップになることを願ってやまない。最後になったが，本書を作成するにあたり，㈱文眞堂代表取締役社長の前野隆様，㈱文眞堂専務取締役の前野眞司様には大変お世話になった。紙面を借りて厚く御礼申し上げる。

　2018 年 12 月 25 日

髙田　寛

目　　次

はしがき……………………………………………………………………i

第 1 章　グローバル企業の法的リスク………………………………1

1. グローバル企業とは………………………………………………1
2. 世界のグローバル企業……………………………………………3
3. グローバル企業の法律問題………………………………………4
4. グローバル企業の一例……………………………………………6

第 2 章　企業の組織と会社法制………………………………………8

1. 企業の組織…………………………………………………………8
2. 日本の会社法制…………………………………………………12
3. アメリカの会社法制……………………………………………16
4. 中国の会社法制…………………………………………………18
5. その他の国の会社法制…………………………………………19

第 3 章　契約実務………………………………………………………23

1. 判例法と大陸法…………………………………………………23
2. 英米法における契約法…………………………………………24
3. 英文契約書………………………………………………………26

第 4 章　国際取引………………………………………………………33

1. 国際取引における契約…………………………………………33
2. 国際取引に関する法律…………………………………………37
3. 国際取引のルール策定の機関…………………………………39
4. 国際取引のリスク………………………………………………40

iv　目　次

第 5 章　輸出入の仕組み……………………………………44

1. 輸出入……………………………………………………44
2. 輸出の流れ………………………………………………45
3. 信用状（L/C）決済……………………………………47
4. インコタームズ（Incoterms）………………………50
5. 輸出入統計品目番号（HS コード）…………………52
6. 輸入の流れ………………………………………………52

第 6 章　知的財産の移転…………………………………55

1. 知的財産とは……………………………………………55
2. 知的財産権に関する条約………………………………57
3. 技術移転…………………………………………………60
4. 知的財産権の侵害………………………………………63
5. 海外の法規制……………………………………………65

第 7 章　安全保障貿易管理………………………………68

1. 安全保障貿易管理とは…………………………………68
2. 国際レジーム……………………………………………70
3. 日本の法規制……………………………………………73
4. アメリカの法規制………………………………………76
5. 輸出管理体制……………………………………………77

第 8 章　企業の海外進出…………………………………79

1. 企業の海外進出…………………………………………79
2. 代理店又は販売店契約…………………………………80
3. 支店・子会社・工場設立………………………………82
4. 合弁企業（JV）…………………………………………84
5. フランチャイズ…………………………………………85
6. 合併・買収（M&A）……………………………………88

第 9 章　事業再編・M&A ·················· 89

1. 事業再編とは ·························· 89
2. 事業再編の方法 ························ 94
3. 友好的買収と敵対的買収 ················ 97
4. 競争法上の規制 ······················ 100

第 10 章　競争法 ························ 101

1. 独占禁止法 ·························· 101
2. 課徴金制度 ·························· 107
3. 反トラスト法 ························ 109
4. EU 機能条約 ························ 110
5. 中国の競争法 ························ 111

第 11 章　腐敗行為 ······················ 113

1. 外国公務員贈賄罪 ····················· 113
2. アメリカの海外腐敗行為防止法（FCPA）·········· 116
3. イギリスの贈収賄法 ···················· 117
4. フランスの腐敗行為防止法 ················· 118
5. 中国の商業賄賂法 ····················· 119

第 12 章　国際会計と国際課税 ················ 121

1. 財務諸表 ·························· 121
2. 国際会計基準 ························ 125
3. 連結決算 ·························· 127
4. 移転価格税制 ························ 129
5. 二重課税 ·························· 130
6. タックス・ヘイヴンと資金洗浄 ·············· 131
7. BEPS（税源浸食と利益移転）··············· 132

vi　目　次

第13章　情報管理 ·· 134

1. 情報の国外移転 ·· 134
2. アメリカの法規制 ·· 137
3. EU の法規制 ··· 139
4. クラウド・コンピューティング ······························· 142
5. 情報セキュリティ ·· 145

第14章　人的資源管理 ·· 147

1. 人的資源管理 ·· 147
2. 日本の法規制 ·· 150
3. アメリカの法規制 ·· 154
4. EU の法規制 ··· 155
5. ストックオプション ·· 156
6. ハラスメント ·· 157
7. 障害者雇用 ·· 158

第15章　コーポレート・ガバナンス ························· 160

1. コーポレート・ガバナンスとは ······························· 160
2. コーポレート・ガバナンスの目的と変遷 ····················· 162
3. 日本のコーポレート・ガバナンス ····························· 165
4. 海外のコーポレート・ガバナンス ····························· 167

第16章　紛争解決 ·· 170

1. 準拠法と国際裁判管轄 ·· 170
2. 訴訟手続 ··· 176
3. 代替的紛争解決制度（ADR） ···································· 178

第17章　企業の社会的責任と ESG 投資 ················· 181

1. 企業の社会的責任 ·· 181

2. ESG 投資 ·· 183

3. CSR 報告書と IR ··· 185

和文索引·· 187

欧文索引·· 191

第1章

グローバル企業の法的リスク

◆学習のねらい……………………………………………………

　企業の国際化の発展形態として，国際企業，多国籍企業，グローバル企業という用語があるが，それぞれ何を意味するものなのかを考えてみよう。特に，企業の形態としての多国籍企業と，世界的なビジネス展開をめざすグローバル企業の本質的な意味の違いは何なのか。

　また，グローバル企業といわれる世界の大企業を概観し，グローバル企業が直面する法的リスクについて，どのようなリスクがあるか学習しよう。

………………………………………………………………………………

1.　グローバル企業とは

　21世紀に入り，企業のグローバル化が進む中で，グローバル企業という用語がさかんに使われ始めた，しかし，今のところグローバル企業という用語を明確に定義したものはない。もともと，グローバル（global）という言葉は「球」という意味のラテン語の「glosbe」が語源であり，「世界的な」又は「地球規模の」と訳されている。

　グローバル企業の意味を理解するのに参考となるものが，2002年にIBMのCEOに就任したサミュエル・J・パルミサーノ（Samuel J. Palmisano）の言葉である。彼は，2006年に，企業のグローバル化を「国際企業」（International Corporation），「多国籍企業」（Multinational Corporation），「グローバル企業」（Globaly Integrated Enterprise：GIE）の3つの段階に分け，そ

2   第1章　グローバル企業の法的リスク

れぞれについて述べている。これらを要約すると，以下のようになる。

① 国際企業（International Corporation）

　ビジネスの機能の大部分が，本社のある本国にあり，本国を主な市場としているが，販売や製造等の一部の機能が海外にある企業。この形態は，主に19世紀における企業の国際化のモデルである。

② 多国籍企業（Multinational Corporation）

　ビジネスの機能が，複数の国・地域にまたがり，海外の拠点（例えば，子会社，営業所，工場等）によって構成され，それぞれの国・地域の特性にあった機能を有し，資源や人材等，ビジネスの多国籍化が進んだ企業。主に，20世紀に発達したモデルである。

③ グローバル企業（Globaly Integrated Enterprise：GIE）

　本国だけでなく，世界のすべての海外拠点と本社とが，一つの企業又は企業グループとして最適化された企業。資源や人材の多国籍化だけでなく，情報通信技術（Information Communication Technology：ICT）等により，企業の情報やスキルが世界中で共有されている。また，市場も特定の国・地域にこだわらず，世界全体を市場としている。主に，21世紀に発展するモデルである。

　グローバル企業の特徴の一つに，企業の経営陣が特定の国籍にとらわれておらず，あらゆる国籍を持つ有能な人材が経営に携わっていることがある。その結果，グローバルに展開するビジネスに多様性を考慮した経営が可能となる。また，必然的に，世界の共通言語である英語によるコミュニケーションが行われる。現に，多くのグローバル企業では，ビジネスの共通言語として英語が使われている。

　また，海外に拠点が多いため，従業員も特定の国籍にこだわらず，あらゆる国籍の者が業務に従事できる環境が備わっている。この背景には，インターネット，データベース等のICTがインフラとして整備されていることがある。すなわち，グローバル企業とは，国境や国・地域を意識せず，市場を世界規模でとらえている企業ということができる。

　このように，企業のグローバル化を，企業の進化としてとらえる考え方が一

一般的であったが，最近では，企業の設立当初からグローバル企業を目指すベンチャー企業も多い。これを「ボーン・グローバル企業」（BG 企業）（Born Global Enterprises）という。これは，グローバル化が比較的容易である ICT 系の企業や製造業に多く，具体的には，企業の設立時又は設立後 2〜3 年以内の早い時期に国際事業を開始するベンチャーや中小企業を指す。特に，海外での売上げが 25％以上ある企業をいうことが多い。

2. 世界のグローバル企業

　企業の国際化を示した指標としては，経済産業省の人材に関する「国際化指標」がある。これは日本企業が人材の国際化に対応している度合いを測る指標であるが，残念ながら，企業のグローバル化の指標があいまいであることから，企業のグローバル化の程度を正確に示した指標ではない。

　しかし，グローバル企業を考えるうえで参考となるデータとして，アメリカのビジネス誌であるフォーチュン誌のデータがある。フォーチュン誌は，毎年，フォーチュン・グローバル 500（Fortune Global 500）として，世界の上位 500 社の売上・収入ランキングを発表している。

　売上高や収益の大きさが，そのまま企業のグローバル化を示しているわけではないが，巨額の売上や収益を上げるためには，世界規模でのビジネス展開が必要であり，その意味では，フォーチュン・グローバル 500 にランクインされている多くの企業は，業界にもよるが，グローバル企業若しくはそれに近い企業と言ってもよいであろう。

　これによると，2017 年の売上高又は営業収入の第 1 位は，アメリカのウォルマート（Walmart）の 4,858 億米ドル（約 54 兆円）であった。第 2 位は，中国の国家電網（State Grid）の 3,151 億米ドル（約 35 兆円），第 3 位は，同じく中国の中国石油化工集団（Sinopec Group）の 2,675 億米ドル（約 30 兆円）であった。日本企業では，トヨタ自動車が営業収入 2,546 億米ドル（約 28 兆円）で第 5 位に入った。日本企業では，この他，29 位にホンダ，33 位に日本郵政，44 位に日産自動車，50 位に NTT，71 位に日立，72 位にソフトバンク，87 位にイオンがランクインされている。

4 第1章 グローバル企業の法的リスク

このように，フォーチュン・グローバル 500 のトップ 10 社のうち，4 社が
アメリカ，3 社が中国，日本，ドイツ，オランダ，がそれぞれ 1 社ずつであ
り，近年，中国企業の躍進が目立つ。

フォーチュン・グローバル 500 の他，世界の企業のランク付けリストとして
は，以下のようなものがある。

① **フィナンシャル・タイムズ・グローバル 500**

世界の企業の時価総額をランキングしたリスト。ただし，2015 年を最後に
更新されていない。

② **フォーブス・グローバル 2000**

世界の公開会社上位 2,000 社のランキングリスト（順位の指標は，売上高，
利益，資産，市場価値）

③ **インターブランド・ベスト・グローバル・ブランド・リスト**

世界のトップブランド 100 のリスト

④ **ビジネスウィーク・トップブランド・ベスト 100**

世界の企業のトップブランド・ベスト 100 のリスト。インターブランド・ベ
スト・グローバル・ブランド・リストと同じ内容。

3. グローバル企業の法律問題

グローバル企業はどのような法律問題が存在するのであろうか。ある AI 企
業（人工知能をビジネスとする企業）A 社のビジネスを例に考えてみよう。

【事例 1−1】

A 社は，東京に本社のある AI ロボットの製造・販売をしている AI 企
業である。A 社は，AI ロボットの製造にあたり，甲国に研究開発セン
ター，乙国に製造拠点（工場）を持ち，丙国をはじめ複数の国から部品を
調達し，また世界各国の A 社の子会社及び顧客企業に AI ロボットを輸
出・販売している。

【事例1－1】は，A社がAIロボットの部品を海外から輸入し，他国の工場で製造し，世界にAIロボットを輸出している製造・販売ビジネスの例である。本社は東京にあるが，研究開発センターは甲国にある。部品は丙国等の複数の国から調達し，乙国の製造工場でAIロボットを製造している。そして，乙国の工場から，世界各国のA社の子会社及び顧客企業にAIロボットを輸出している。このような場合，A社のビジネスの中心は，輸出と輸入を中心とする国際取引となる。

　比較的単純な流れのように見えるが，このビジネスには様々な法的リスクがいくつか潜んでいる。例えば，丙国の取引業者からの部品が納入期限までに送られて来なかった場合はどうなるのであろうか。また，乙国の工場の製造ラインに不具合が生じ，AIロボットの出荷ができなかった場合はどうなるのであろうか。さらに，A社の海外の子会社にAIロボットを輸出したところ，途中で製品が紛失したり破損したりすることも考えられる。AIロボットの技術に対して，競合他社のB社から特許侵害訴訟が提起される法的リスクも存在する。また，輸出・販売した製品が不良品である場合もある。

　このように，ビジネスには様々なトラブルがあり法律問題が潜んでいるが，グローバルビジネスは海外との取引が主であるため，その問題はより複雑となる。これらの法的リスクを，いかに評価・分析し，対策を講じておくかがグローバルビジネスにとって重要な課題である。

【事例1－2】

> 　A社は，東京に本社のあるAIロボットの製造・販売をしているAI企業である。A社は，販路拡大のため，AIロボットを甲国のB社に甲国内での販売の委託をした。また，A社は，AI事業拡大のため，乙国にC社とのジョイントベンチャー（JV）を設立した。さらに，A社は，丙国のD社を買収することにした。

　【事例1－2】は，海外進出の例である。これらの海外進出にも，様々な法的リスクがある。例えば，甲国内でB社が思うようにAIロボットを売ることができなかった場合が想定される。また，乙国のC社とのジョイントベン

6　第1章　グローバル企業の法的リスク

チャーの設立でC社との間にトラブルが生じることもある。さらに，丙国の
D社を買収したところ，後で巨額の簿外債務（借金）があることが判明した
というようなことも現実にある。このように様々なトラブルが想定される。

　リスクのないビジネスはありえず，多かれ少なかれ，ビジネスには必ずリス
クがつきものである。リスクを正確に評価し，そのリスクを回避する方法があ
るのか，又はリスクを最小限に抑える方法はあるのか等を事前に検討しなけれ
ばならない。これらは密接に法律問題に関係している。このため，グローバル
企業は，企業内外を問わず，国境を越えた様々なビジネスリスクを，法的な観
点からリスクマネジメントを行うことが必要となる。

4．グローバル企業の一例

　実際のアメリカのグローバル企業の例を紹介しよう。このグローバル企業
を，仮にD社とする。D社は，1957年，MITの研究員であったO氏によっ
て，デラウェア州法に基づき，マサチューセッツ州メイナードに設立されたコ
ンピュータメーカである。

　設立当初は，教育用デジタル機材の販売を行っていたが，ミニ・コンピュー
タを発表したことによって，D社の業績が急激に伸びた。1980年代には，世
界各国に子会社，営業所，生産拠点を持つ世界第2位のコンピュータメーカに
躍進し，1987年には，全世界14万人の従業員を擁するグローバル企業に発展
した。日本法人は，1982年に設立された。

　D社は，全世界を，北中南アメリカ地区（Americas Area），ヨーロッパ・
アフリカ地区（EU-Africa Area），アジア・太平洋地区（Asia-Pacific Area）
の3地区（Area）に分け，北中南アメリカ地区の本部を，マサチューセッツ
州メイナードにあるD社の本社内に，ヨーロッパ・アフリカ地区の本部をフ
ランスのパリに，アジア・太平洋地区の本部をシンガポールに置いた。

　アジア・太平洋地区では，日本，中国，韓国，フィリピン，シンガポール，
タイ，ベトナム，インド，インドネシア，オーストラリアに子会社を置き，そ
の他の国に営業所を置いた。また，東京に研究開発センターと工場，インドの
バンガロールにソフトウェア開発センターを置いた。

4. グローバル企業の一例　7

　また，中国の大連には，アジア・太平洋地区のコールセンターと各国の経理部門及び関連する間接部門を置いた。北中南アメリカ地区，ヨーロッパ・アフリカ地区でも，アジア・太平洋地区と同様，企業の機能の分散化が図られた。

　D 社では，すべての部署で，デュアル・レポート・システム（Dual Report System）が採用されていた。例えば，日本法人の法務部門のトップは，上部組織であるアジア・太平洋地区の法務本部長にレポート（業務報告をし指示を仰ぐ）し，アジア・太平洋地区の法務本部長は，D 社の法務部門のトップである General Counsel（GC）（Chief Legal Officer：CLO）にレポートする体制をとると同時に，日本法人の法務部門のトップは，日本法人の社長にレポートする。また，アジア・太平洋地区の法務本部長は，同地区の統括本部長にレポートする。このように，各国の担当者は，D 社の本社と現地の責任者にレポートするという体制をとり，意思の疎通が有機的にとられ，互いに牽制しあう組織が採用されていた。

　コンピュータのダウンサイジングによって一時期，破竹の勢いを見せた先進的な D 社であったが，コンピュータの大型化という時代を逆行するビジネス戦略により，1990 年代になると業績に陰りが出始め，1998 年に C 社に買収された。また C 社も，その 4 年後の 2002 年に H 社に買収された。

　このように，D 社のような巨大なグローバル企業といえども，ビジネス環境を見誤ると，最後には終焉を迎えるという厳しい現実に晒されている。

練習問題

1. 経済産業省の「日本企業が人材の国際化に対応している度合いを測る指標（国際化指標）」から，どのような人材を企業が求めているのか調べてみよう。
2. 経済産業省の「通商白書」には，企業のグローバル化について，どのようなことが書かれているのか調べてみよう。
3. フォーチュン・グローバル 500 のランキングに，どのような会社がリストアップされているのか調べてみよう。
4. 日本の売上トップのトヨタ自動車について，どのような会社なのか調べてみよう。

第2章

企業の組織と会社法制

◆学習のねらい……………………………………………

　グローバル企業は営利法人であり，その多くは株式会社である。法人とは，一定の社会的活動を営む組織体で，法律により法人としての権利能力を認められたものをいう。中でも，営利法人は，構成員（株主等）への利益分配を目的とした法人である。しかし，法人としての権利能力を認める法律は，各国で異なり，会社の組織形態も様々である。

　この章では，企業の典型的な組織と，各国の会社法制について学習しよう。

……………………………………………………………………

1. 企業の組織

　企業の業態，経営環境や戦略によって，その組織構造はおのずから異なり，様々な組織形態があるが，代表的な組織構造モデルに，①機能別組織，②事業部制組織，③カンパニー制組織，④マトリックス組織，⑤チーム制組織，⑥ネットワーク組織，等がある。以下，これらについて見てみよう。

【事例2−1】

　A社は，東京に本社のあるAIロボットの製造・販売をしているAI企業である。A社は，代表取締役及び取締役会の下に，製造部，営業部，マーケティング部，総務部，経理部，人事部，法務部，研究開発センターを置いている。

最も基本的なモデルが機能別組織である。代表取締役又は代表執行役（Chief Executive Officer：CEO），取締役会等の経営組織の下に，製造部門，開発部門，販売部門，調達部門，マーケティング部門，総務部門，人事部門，経理部門，法務部門等，機能別に企業を組織化するものである。

【事例 2−2】

　　A社は，東京に本社のある AIロボットの製造・販売をしている AI企業である。A社は，代表取締役及び取締役会の下に，AIロボット事業部，半導体事業部，コンピュータ事業部の 3事業部を置き，そのほか間接部門として，総務部，管理部，人事部，法務部を置いている。

【事例 2−2】は，事業部制組織の例である。一つの企業が複数の事業を持つ場合には，事業部制組織をとる場合がある。例えば，B（AIロボット事業），C（半導体事業），D（コンピュータ事業）という異なる事業を有する場合には，経営組織の下に，B事業部，C事業部，D事業部を置き，各事業部の下に，製造，開発，販売等の機能別の部門を置く。

　ただし，多くの企業では，各事業部に共通する間接部門，例えば，経理部門，人事部門，法務部門等は，各事業部門の外に出し，全社的な運営・管理を行うことが多い。

【事例 2−3】

　　A社は，持株会社であり，傘下に，AIロボット事業を行う B社，半導体事業を行う C社，コンピュータ事業を行う D社を持っている。

【事例 2−3】は，カンパニー制組織の例である。カンパニー制組織とは，事業部制組織の事業部門の独立性をさらに高めた組織形態である。すなわち，各事業部を一つの会社として扱うもので，各事業部を完全に一つの法人とする持株会社制と，各事業部をあたかも一つの会社（疑似会社）として扱うカンパニー制に分けることができる。前者が，いわゆるホールディングス制であり，全体の戦略立案をする持株会社（Holdings Company）の下に，実際の業務執

10　**第2章　企業の組織と会社法制**

行を行う複数の事業会社を持つ。

　持株会社とは，他の会社を支配する目的で，その会社の株式を保有する会社のことである。持株会社には，純粋持株会社と事業持株会社があるが，純粋持株会社とは，自ら製造や販売といった事業は行わず，株式を所有することで，他の会社の事業活動を支配することのみを事業目的とする。このような持株会社は，子会社からの配当が売上げとなる。一方，事業持株会社とは，グループ各社の株式を持つことで子会社を支配しながら，自らも生産活動等の事業を営む会社のことである。

【事例 2－4】

　　A 社は，東京に本社のある AI ロボットの製造・販売をしている AI 企業である。A 社には，子会社として，甲国の B 社，乙国の C 社，丙国の D 社があるが，これらの子会社の管理部長（F&A Manager）は，本社の管理本部長（Chief Finance Officer：CFO）にレポートしている。また，同時に，各国の子会社の社長にもレポートしている。

　【事例 2－4】は，マトリックス組織の例である。マトリックス組織とは，機能別組織と事業部制組織を組み合わせたもので，その形態は，企業によってかなり異なる。すなわち，ある部門ではマトリックス組織を導入しているが，ある部門では導入していない等，その組織形態は，企業の意思決定・戦略に大きく依存している。特に，グローバル企業では，その傾向が著しい。

　例えば，甲国に本社があり，乙国に子会社がある場合では，乙国の子会社の法務部は，甲国の本社の法務本部の直接の管轄下にあるが，一方乙国の子会社の法務部門としての機能も有している。すなわち，乙国の子会社の法務部の部長の直属の上司は，甲国の本社の法務本部長であるが，乙国の子会社の代表取締役又は CEO も間接的な上司となる。甲国の本社の法務本部長との関係が主であるので，組織図上，ソリッド・ライン（実線），乙国の子会社の代表取締役との関係は従であるのでドッテッド・ライン（点線）と表現することもある。これを，デュアル・レポート・システム（Dual Report System）という。

1. 企業の組織　11

【事例2−5】

　A社は，東京に本社のあるAIロボットの製造・販売をしているAI企業である。A社には，ビルのフロアごとに，リラックスゾーンを設け，誰でも自由にコーヒーを飲んでくつろぐことができる。ある時，AI開発課のアルタイルが，Net事業部のベガと雑談をしていたところ，新しいビジネスを思いついた。その後，自然発生的に，研究チームができた。それを聞いた取締役が，そのチームに1,000万円の予算をつけた。

　チーム制組織は，部門内外の部分的な組織であり，ベンチャー企業によく見られる。例えば，ある新製品の開発が発案されると，それに関心のある者や専門家が集まり，一つのプロジェクト・チームが作られる。それが，あちらこちらの部門内，又は部門を超えて自然に自発的に発生することが多い。

　通常の仕事の合間に，コーヒーを飲みながら他部門の社員とくつろいで雑談している最中に新しい発想が芽生え，自然に仲間ができてチームが形成される。これが新しい画期的な商品に発展する可能性があるため，グローバル企業は自由な雰囲気を創生する職場環境の維持に積極的である。

　なお，チーム制組織は，別の組織と重複した形で，自然発生的に見られることが多い。

【事例2−6】

　A社は，東京に本社のあるAIロボットの製造・販売をしているAI企業である。A社のAI開発課のアルタイルは，ある技術的難問にぶち当たり，その解決の糸口を探るため，同様な仕事をしている各国の仲間に，ネットワークを通じてその問題を投げかけたところ，甲国の研究開発センターのリゲルから，以前，同じような問題に遭遇したが，ある方法で解決したとの連絡があった。

　ネットワーク組織も，部分的な組織形態であるが，グローバル企業で多く見られる。グローバル企業は，複数の国にまたがり，多様な人材が多いため，社

12　第2章　企業の組織と会社法制

内ネットワークやインターネットを利用して，緩やかでフラットな組織が形成
される。

　例えば，甲国だけで解決できないような技術的な問題が発生した場合，ネットワークを使って，同じような問題を抱えている他国に呼びかけると，それに対して適切な回答が返ってくる場合がある。こういうことをきっかけとして自然にネットワーク組織が発展していく場合が多い。

　このネットワーク組織もチーム制組織と同様，自然発生的に見られることが多い。

【事例2－7】

　A社は，東京に本社のあるAIロボットの製造・販売をしているAI企業である。A社の社長が勇退することになり，ある大手精密機械メーカーの社長を後任にすることが決まった。後任の社長は，早速，A社の管理本部長に，「会社の組織図を見たい。」と言ったが，管理本部長は「うちの会社には，そんなものはありません。」と答えた。

　企業によっては，組織らしい組織がない企業もある。この形態はベンチャーに多いが，急成長を遂げている企業にとっては，あえて組織を作るよりも組織がない方が，スピードの速いビジネス環境に順応できるというメリットがある。いったん組織を構築し組織図を作ると，従業員はどうしてもそれにとらわれ，企業そのものが硬直化する可能性がある。そのため，このようなリスクを避けるため，大まかな組織はあっても，あえて詳細な組織図を作らないという企業もある。

2.　日本の会社法制

(1)　株式会社とは

　グローバル企業は，世界各国に子会社や営業所，生産拠点を持つが，法人の設立は各国の法律によって異なる。例えば，本社が甲国にあると，甲国の会社法によって設立されるが，乙国の子会社は，乙国の会社法により設立される。

中には，営業所の開設等，法人登記の必要のない場合もあるが，ここでは，子会社設立を念頭に，日本の会社法制を概観しよう。

　日本の会社には，株式会社，合名会社，合資会社，合同会社の4種類あり，これらはいずれも，法人，営利目的，社団であるという特徴を有している。このうち，会社における営利目的とは，会社を経営することによって生み出された利益の一部を，剰余金の配当又は残余財産の分配という形で，出資者（株主・社員）に分配されることをいう。すなわち，株主や社員のような出資者に，利益の分配を目的とする。なお，合名会社，合資会社，合同会社を持分会社という。

　日本に本店（本社）を置くグローバル企業の多くは株式会社である。株式会社とは，株式を有する株主から有限責任の下に資金を調達して株主から委任を受けた経営者が事業を行い，利益を株主に配当する法人格を有する企業形態である。

　株式会社の重要な特徴としては，出資者の有限責任のほか，株式の自由譲渡性，所有と経営の分離，株主による所有がある。

　有限責任とは，例えば，A氏がB社の1,000株を100万円で購入したとしよう。もしB社が100億円の負債を抱えて倒産し，B社の株がすべて無価値となるとしても，A氏はB社の負債を一切負わないというものである。この出資者の有限責任の法理は，各国の会社法の中でも取り入れられており，日本国有のものではない。

　株式の自由譲渡とは，株主が，その有する株式（出資持分）を自由に譲渡することができることをいう。これは，株主がいつでも株式を自由に譲渡して会社の関係から離脱することができるようにすることによって，相互に何の関係もない多数の者から広く資本を集めることを可能にしている。

　ただし，人的関係が重要な意味を持つ中小企業では，株の自由譲渡を認めると人的関係を維持することが難しくなることから，定款に株式譲渡制限を記載した会社（非公開会社）については，株式の譲渡を制限することを認めている。これも，日本固有のものではなく，各国とも同様な株式の譲渡制限をルール化している。

　所有と経営の分離とは，株主は，直接会社の経営を行わず，経営者（取締役

14   第2章　企業の組織と会社法制

会等）に経営を任せることをいう。多数の株主を有する大企業では普遍的に見られる特質である。

具体的には，経営者である取締役は株主により選任され，その取締役で構成される取締役会が，経営上の意思決定及び業務執行の監督を行う。一方，日々の業務執行は，日本では代表取締役又は代表執行役が行う。このように，株主は直接経営に関与しないため，代表取締役又は代表執行役に権限が集中する。そのため，監査役や監査委員会等の監督・監視機能（モニタリング）が重要となる。

株主による所有については，出資者である株主が会社のオーナーであることを意味する。具体的には，株主が，取締役を選任し，会社の運営上重要な事項を承認する権限を有し，会社を最終的にコントロールする権限を有する，また会社の純利益は株主に帰属することを指す。

株主の権利としては，大きく自益権（配当を受ける権利等の経済的な権利）と共益権（株主総会での議決権等）があるが，グローバル企業のような大企業の場合，実際には，多くの株主が，会社の経営そのものよりも，配当や株価の経済的価値に関心を寄せることが多い。そのため，株主は会社のオーナーであるという意識が希薄であり，実質的に経営者に権力が集中しやすい。

会社（実質的には，株主）と経営者の関係は，委任関係である。委任契約とは，当事者の一方（委任者）が法律行為をすることを相手方に委託し，相手方（受任者）がこれを承諾することを内容とする契約である（民法643条）。

(2) **機関設計**

会社の運営に際して意思決定を行ったり，その運営に関しての監査等を行う人あるいは組織のことをいう。株式会社では，株主総会，取締役，取締役会，会計参与，監査役，監査役会，会計監査人，監査等委員会，指名委員会等及び執行役が機関である。このうち，株主総会と取締役は，すべての株式会社が必ず設けなければならない。

日本では，大会社（資本金5億円以上若しくは負債総額200億円以上の株式会社）であり公開会社（譲渡制限等により株式を非公開にする非公開会社ではない会社）である株式会社の多くは，株主総会，取締役会，監査役会，会計監

査人という機関設計を採用している。

　株式会社の内部組織形態は，従来の日本の典型的な株式会社の機関設計である取締役会設置会社と，アメリカ型の指名委員会等設置会社，監査等委員会設置会社の３つに分けられる。

　取締役会設置会社とは，文字通り，取締役会を置く株式会社及び会社法の規定により取締役会を置かなければならない株式会社をいう。すなわち，株主総会で，取締役，監査役，会計監査人を選任して（会社法329条１項），これらの者に株式会社の経営を委任する。株主総会は，議決権を有する株主が決議に参加して，これらの者を選任するほか，株式会社の組織，運営等の重要事項について決定する。

　一方，取締役会は，業務執行の決定を行うとともに，取締役の職務の執行を監督する（会社法362条２項）。監査役は，株式会社の運営，計算書類の作成が適法・適正に行われているかを監査する機関である。会計監査人は，株式会社の計算書類の作成が適正になされているかを監視監督する機関であり，公認会計士又は監査法人しか就任できない。日本では，この取締役会設置会社が圧倒的に多い。なお，取締役には，善管注意義務と忠実義務が課せられる。

　一方，アメリカ型である指名委員会等設置会社とは，株式会社の内部組織形態に基づく分類の一つであり，指名委員会，監査委員会及び報酬委員会を置く株式会社をいう（会社法２条12号）。指名委員会等設置会社は，従来の取締役会設置会社と企業統治（コーポレート・ガバナンス）の点で異なる。

　具体的には，取締役会の中に社外取締役が過半数を占める委員会を設置し，取締役会が経営を監督する一方，業務執行については執行役に委ねる。指名委員会等設置会社の最大の特徴は，企業の経営を監督し，意思決定を行う取締役会と，実際の業務の執行を行う執行役の２つの役割を明確に分離した点である。

　指名委員会等設置会社の取締役会の権限は，業務意思決定と個々の取締役及び執行役による職務執行の監督であり（会社法416条），取締役会設置会社の取締役会と同じようなものであるが，取締役は原則として業務の執行をすることはできず，執行役に委ねられる（会社法415条）。

　指名委員会は，株主総会に提出する取締役の選任及び解任に関する議案内容

を決定する（会社法 404 条 1 項）。監査委員会は，取締役会設置会社の監査役に相当するもので，取締役及び執行役の職務が適正かどうかを監査し，株主総会に提出する会計監査人の選任及び解任・不再任に関する内容を決定する（会社法 404 条 2 項）。報酬委員会は，取締役及び執行役の個人別の報酬内容，又は報酬内容の決定に関する方針を決める。執行役は，取締役会設置会社の取締役に，代表執行役は代表取締役に相当し，株式会社の経営に携わる。ただし執行役と取締役は兼任することができる（会社法 402 条 6 項）。

　注意しなければならないのは，日本の取締役会設置会社でも，執行役員という呼称を使うことがあるが，これは日本の指名委員会等設置会社の執行役でもなければ，アメリカの会社の執行役（officer）でもない。執行役員という呼称は，会社法上のものではなく，身分は従業員に他ならない。また，社長，専務取締役，常務取締役という呼称も，会社法上のものではなく，取締役は，あくまでも代表取締役又は取締役のいずれかである。

　日本で指名委員会等設置会社を採用している株式会社は，それほど多くはなく，この制度が導入された 2003 年以後 15 年も経過しているにもかかわらず，上場企業では，2017 年末現在 72 社にとどまっている。不人気の理由の一つは，指名委員会等設置会社は，取締役会の中に，指名委員会，報酬委員会，監査委員会の 3 委員会を設置しなければならず，これら委員会の委員の過半数は社外取締役でなければならない点が挙げられる。また，取締役会設置会社の取締役というポストは，終身雇用制の下で，従業員が出世した後の最終ポストであり，その取締役選任基準は，指名委員会等設置会社の選任基準と異なるという点もある。さらに，アメリカを模倣した制度であるので，おのずから執行役の報酬も高くなる傾向があり，日本社会には受け入れられないとする見方もある。

3. アメリカの会社法制

　アメリカでの事業活動を行う主要な事業形態には，個人事業（sole proprietorship），パートナーシップ（partnership）及び会社（corporation）の 3 つに分けることができる。パートナーシップには GP（general partnership）と

LP（limited partnership）があり，パートナーシップと会社との中間的なものとして LLC（limited liability company）がある。このうち，グローバル企業は，会社組織のものが多い。なお，会社には，比較的小規模な S corporation と通常の C corporation があるが，グローバル企業の場合，C corporation が圧倒的に多い。

アメリカの会社も，有限責任，株式の自由譲渡性，所有と経営の分離，株主による所有等のように，日本の会社と同じような特徴を有している。なお，アメリカの会社は，連邦法としての会社法は存在せず，各州の会社法に基づき設立される。このうち，デラウェア州のデラウェア会社法（Delaware General Corporation Law）によって設立された会社が多く，ニューヨーク証券取引所に上場している会社の多数が，このデラウェア州法に基づき設立されている。

この理由は，デラウェア州の会社設立の容易さが挙げられる。州外の取締役会開催が可能であり，州外居住者の取締役就任も可能である。また，事務所の設置が不要等，州外（国外も含めて）からの会社設置を可能としている。さらに，会社の設立費用が安いことや税制面での優遇措置があること，会社の経営陣に比較的有利な内容であること，会社法関連の裁判例が豊富であること等が利点として挙げられる。

アメリカの会社法は，各州の州法に委ねられているが，モデル法としてアメリカ法曹協会（American Bar Association：ABA）が作成した模範事業会社法（Model Business Corporation Act：MBCA）がある。このモデル法を基に，30以上の州で独自の会社法を制定している。現在は，2017年12月9月に発表された，2016年版の Model Business Corporation Act（2016 Revision）が最新版である。

日本の指名委員会等設置会社は，アメリカの会社の機関設計を基にしたもので，その原型はアメリカの会社の内部組織形態である。制度上，所有と経営が分離されており，会社の業務執行は，取締役（director）により構成される取締役会（board of directors）の決定に基づき，執行役（officer）が執行する。取締役会は，取締役により構成され，会社の事業方針の決定，執行役の選任，配当等の業務執行に関する意思決定を行うが，取締役会の運営は，州法及び基本定款や付属定款（bylaws）等によって規律される。

18　第2章　企業の組織と会社法制

　執行役は，取締役会（人事委員会）によって選任されるが，会社の代理人（agent）として会社の業務執行を担当する。州法によって会社が選任する執行役が異なっているが，通常，付属定款で選任すべき執行役及びその権限を明記している。基本的には，代表執行役である最高経営責任者（chief executive officer：CEO），最高執行責任者（chief operation officer：COO），最高財務責任者（chief finance officer：CFO）等が選任される。最高法務責任者（chief legal officer：CLO）は，グローバル企業では，ゼネラル・カウンセル（General Counsel：GC）と呼ぶことが多い。

　取締役及び執行役には，信認義務（fiduciary duty）が課せられる。この概念には，注意義務（duty of care）と忠実義務（duty of loyalty）も含む。注意義務とは，業務執行上合理的な注意を払わなければならないとする義務であり，通常の思慮深さを持つ人間と同程度の注意深さを払わなければならないとされている。忠実義務は，会社の利益のために行動しなければならないとする義務である。これらについては，日本の注意義務と忠実義務と同様である。

　なお，アメリカの会社の取締役会の中の監査委員会は，日本の指名委員会等設置会社の監査委員会と同様，執行役を監査する義務を負う。また，会社の設立は，基本定款（articles of incorporation）を州務長官（secretary of state）に提出ことにより提出される。

　アメリカで子会社を設立するのは，比較的容易である。ただし，その手続きは，州によって異なるので，実務的には現地の弁護士に設立を依頼するのが確実である。会社設立（法人設立）の所要期間としては1〜2カ月であり，必要経費は，弁護士やコンサルタントに依頼した場合，4,000米ドル〜6,000米ドルぐらいかかる。最低資本金は，1米ドルであるが，州によっては1,000米ドル程度の最低資本金が必要な場合もある。

4.　中国の会社法制

　中国では，2013年に，中国の会社法である中華人民共和国公司法が改正された。この法律は，中国における有限責任会社及び株式会社について，それぞれ設立，組織機構，持ち分，株式譲渡等の事項を定めた法律である。2013年

の主な改正点は，①登録資本の払込登記制が引受登記制へと変更されたこと，②登録資本の登記条件が緩和されたこと，③登記事項及び登記書類が簡素化されたこと，の3点である。

1994年に施行された中華人民共和国公司法では，有限責任公司（有限責任会社）と股分有限公司（株式有限会社）が規定された。有限責任公司は日本法の従前の有限会社に，股分有限公司は日本法の株式会社に，それぞれ対比できる。有限責任公司と股分有限公司は，その社員が出資額を限度に責任を負う有限責任の法人であり（3条），営利性に関する規定（5条）も存在する。また，股分有限公司は，その登録資本の最低限度が1,000万元（現在，日本円で約1.6億円）とされていたが，2015年の改正により，最低資本金の規定が削除された。

中国の外資系企業は，外資企業，中外合資経営企業，中外合作経営企業の3つに大別できる。これを三資企業という。外資企業とは，外国資本のみの出資による企業をいう。中外合資経営企業は，中外合弁会社とも呼ばれ，外資と中国資本との合併事業（Joint Venture：JV）による会社である。中外合作経営企業は，外資と中国資本の契約に基づく合弁事業であり，主に組合等（法人も可）を想定している。

これらの3形態の企業が，それぞれ異なる準拠法に基づいて法制化されている。例えば，外資企業は，中華人民共和国外資企業法（外資企業法），中外合資経営企業は，中華人民共和国中外合資経営企業法（中外合資経営企業法），中外合作経営企業は，中華人民共和国中外合作経営企業法（中外合作経営企業法）というように，法律が異なる。

中国での子会社設立には，会社設立のための必要申請書類による会社設立申請，会社設立批准申請，営業許可申請，会社印鑑申請，外貨管理局申請等が必要だが，いずれにせよ，中国で子会社を設立するには，専門のコンサルタントに相談するのが確実である。

5. その他の国の会社法制

イギリスの会社法としては，2006年会社法（The Companies Act 2006）が

20　第2章　企業の組織と会社法制

ある。この法律は，1985年会社法（The Companies Act 1985）と1989年会社法（The Companies Act 1989），2004年会社法（監査，調査及びコミュニティー企業法）（The Companies（Audit, Investigations and Community Enterprise）Act 2004）の会社法規定を全面的に見直すとともに，会社判例を一部条文化したものである。

　また，EU指令に対応して，2000年金融サービス市場法（The Financial Services Markes Act 2000）の一部を改正する条文も含んでいる。このように，2006年会社法では全面的な改正が行われた。

　2006年会社法は3つのタイプの会社の設立を規定している。その3つとは，株式会社（company limited by shares），保証有限会社（company limited by guarantee），無限責任会社（unlimited company）であるが，最も一般的な形態は株式会社である。なお，会社を登記するためには，書式IN01（登記申請書）（Application for Registration）を登記官に提出する。

　フランスの会社法としては，株式会社（Société anonyme：SA），有限会社（Société à responsabilité limitée：SARL），単純型株式会社（Société par action simplifié：SAS）がある。

　株式会社（SA）とは，中規模から大規模の事業活動を目的として設立されるもので，最低資本金は37,000ユーロであり，出資者は最低7名以上である。また，必ず会計監査人を置く必要がある。有限会社（SARL）とは，小規模な事業活動の場合に利用され，出資者は2名から100名であり，最低資本金の規制はない。単純型株式会社（SAS）は，フランス法における最新の会社形態で，資本金を含め定款自治に委ねられる部分が多く，非常に柔軟な組織形態である。出資者は1名以上，最低資本金規制はない。

　この他，株式合資会社（SCA），欧州会社（SE），単一出資有限会社（EURL），簡素型単一株主株式会社（SUS），合名会社（SNC）等の形態がある。

　フランスの会社設立の手続きとしては，会社設立の窓口は，企業登録センター（Centre de formalités des entreprises：CFE）に一本化されている。オンラインでも手続きができるが，言語はフランス語のみである。企業登録センター（CFE）は申請企業に代わって，会社設立，事業変更，組織変更や廃業に係る手続き書類を関係行政機関（税務署，国立統計経済研究所，社会保険庁

や商事裁判書記局）に送付する。

ドイツで一般に利用されている会社は，合名会社（Offene Handels-gesellschaft：OHG），合資会社（Kommanditgesellschaft：KG），株式会社（Aktiengesellschaft：AG），株式合資会社（Kommanditgesellschaft auf Aktien：KgaA），有限会社（Gesellschaft mit beschränkter Haftung：GmbH）の5つである。

合名会社（OHG）の実態は組合であり，そのため，商法に特段の規定がない限り，民法上の組合に関する規定が適用される。日本の合名会社と異なり，ドイツの合名会社は法人格を有さない。英米法の general partnership に相当するものである。

合資会社（KG）は，無限責任社員と有限責任社員から成る二元的組織の会社であり，その点で合名会社と異なるが，実質上は合名会社の一変形である。株式会社（AG）は，一般の株式会社に相当する。

株式合資会社（KgaA）は，無限責任社員と株主とから成る二元的組織の会社で，株式会社の中の一つの特殊形態の会社とされている。

有限会社（GmbH）は，出資の金額を限度とする有限の間接責任を負う社員（Gesellschafter）のみから成る会社で，どちらかといえば中小企業に適合するように，株主の有限責任の特色を保たせながら，株式会社の複雑な組織を単純化し，その煩瑣（はんさ）な規定を簡易化したものである。法人格を有し，ドイツで最も多く利用されている会社形態である。

ドイツで日本企業が現地法人（子会社）を設立する場合，最も多く利用される会社の法的形態は，有限会社（GmbH）である。実際にドイツにおいて設立されている日系企業の子会社も，ほとんどが有限会社（GmbH）である。

練習問題

1. 日本の会社法の書籍の中で「機関設計」について書かれている箇所を読んでみよう。
2. 日本の会社法の書籍の中で「企業グループ」について書かれている箇所を読んでみよう。
3. 取締役会設置会社，指名委員会等設置会社及び監査等委員会設置会社の違い

22　第 2 章　企業の組織と会社法制

について調べてみよう。

4. Model Business Corporation Act（2016 Revision）について調べてみよう。

5. JETRO の HP にアクセスし，各国の会社法制について調べてみよう。

第3章

契約実務

◆学習のねらい……………………………………………………………

　グローバル企業の対外活動で一番大きな比重を占めるのが，顧客や取引業者，ビジネス・パートナー等の他社との取引である。その取引の中心的な存在が契約書であるが，多くの国際取引では英文契約書を用いることが多い。

　この章では，グローバル企業の対外的な取引で用いられる英文契約書を中心に契約実務について学習しよう。

……………………………………………………………………………

1.　判例法と大陸法

　世界の法体系は，判例法（common law），大陸法（civil law），イスラーム法（islamic law），慣習法等に分けられるが，実際の国際取引では英文契約書を用いることが多いため，必然的に準拠法は判例法である英米法となる場合が多い。なお，準拠法とは，国際私法によってある単位法律関係（国際私法の観点から一つの単位として取り扱われる私法関係）に対して適用すべきものとして指定された一定の法域における法（私法体系）のことである。実質的には，契約書の内容の解釈の基となる法体系のことである。

　判例法は，過去の裁判例が不文法として法規範を有するものであり，イギリスに起源を有している。すなわち，個別的かつ具体的な事件を個々の裁判で審議し，その蓄積された裁判例がそのまま法源（裁判官が裁判を行う際に基準となるもの）となったものである。

24　第3章　契約実務

このうち，代表的かつ重要な裁判例が判例（裁判例の中でも，後の裁判例に影響を与える法的拘束力をもつ裁判例のこと）と呼ばれ，先例法理（stare decisis）を形成する。これにより，判例法理は実定法（人が人為的に定めた法律で，自然法と対比される）としての拘束力（先例拘束性）をもつようになる。

すなわち，先例拘束性（binding precedents）とは，裁判所（最高裁は除く）は，過去の類似した裁判例に拘束されるという意味であり，判例そのものが法律としての機能を果たすことになる。

現在では，イギリス（スコットランドを除く），アメリカ（ルイジアナとプエルトリコを除く），オーストラリア，カナダ（ケベック州を除く），ニュージーランド，インド，マレーシア，シンガポール，香港，その他英語圏や過去にイギリスの植民地だった国は，判例法の法体系をもつ。

しかし，グローバル企業の国際契約の多くが英文契約書を使うことが多いことから，これら判例法体系の国以外の大陸法系の国との取引においても，英米法を準拠法とした英文契約書での契約締結が多いのが現状である。このように，現代の国際取引では，英米法を準拠法とした英文契約書がデファクト・スタンダード（実質的な標準）になりつつある。

2. 英米法における契約法

判例法は，イギリスやアメリカを中心に発展してきたので英米法（Anglo-American law）とも呼ばれる。英文契約書を作成する際，準拠法としてニューヨーク州法を採用することが多いので，ここでは，アメリカ契約法を基に解説する。ただし，イギリス法も大きく変わることはないので，基本的な法理は同じと考えてよい。

契約（contract）とは，一つ又は一組の約束であって，その違反に対して法が救済を与えるもの，又は，その履行を何らかの形で義務と認めるものをいう（Restatement（Second）of Contracts　§1）。契約が有効に成立するためには，①相互の同意（mutual assent）があること，②約因（consideration）があること，③抗弁がないこと（no defense），の3つが必要である。

相互の同意とは，申込と承諾の一致のことを指す。約因とは，契約を構成する約束に拘束力を与える根拠であり，約束に対して交換的に取引された約束（反対約束），又は作為や不作為（履行）をいう。すなわち，約因とは，法的価値のある物の交換取引が存在することである。抗弁がないこととは，契約が違法，契約当事者に能力がないこと等をいう。

以下，契約に関する英米法の特徴的な法理を 3 つ挙げておこう。

(1) 詐欺防止法（Statute of Fraud）

一般的に，口頭の契約は有効である。しかし，法令により，ある種の合意は，それに拘束される当事者により署名された書面により明示されなければならない。これを総称して詐欺防止法（Statute of Fraud）と呼ぶ。もともと，詐欺防止法は，1677 年にイギリスで制定されたものであるが，当時，すべての契約が，口頭で成立するとされていた。そのため，詐欺や偽証等が横行したため詐欺防止法が制定されたという経緯をもつ。

その後，アメリカでは，ルイジアナ州を除く多くの州で，この詐欺防止法が採用された。しかし，イギリスでは，1954 年に，詐欺防止法の適用範囲が大きく限定された。

アメリカの詐欺防止法が適用される項目は，婚姻，不動産，遺言執行者又は遺産管理人，一定金額（例えば 5,000 米ドル）以上の物品売買，保証契約等の取引に適用される。アメリカでは，統一商事法典（Uniform Commercial Code : U.C.C.）の 2003 年改正までは，契約締結後 1 年以内に履行が終了しない契約も，詐欺防止法の適用対象とされていたが，2003 年改正で，削除された。この統一商事法典（U.C.C.）を基に，各州で詐欺防止法が制定されている。よって，一定金額以上の物品については，アメリカの多くの州では，2003 年改正前の 500 米ドル以上というところも多い。

(2) 口頭証拠排除法則（Parol Evidence Rule）

口頭証拠排除法則（Parol Evidence Rule）とは，契約当事者が最終的に契約書を作成した場合，契約書の内容と矛盾し，又はその内容を変更するような他の証拠，例えば，口頭による別の合意を裁判所は排除するという原則であ

26　第3章　契約実務

る。すなわち，口頭証拠排除法則とは，書面による契約の内容を決定するについての法則であり，口頭証拠によって書面による契約の内容を修正することを許さないという法則である。この口頭証拠排除法則は，実際の英文契約書では，完全合意条項（entire agreement）として具現化される。完全合意条項については後述する。

(3)　約束的禁反言 （Promissory Estoppel）

契約理論上，契約に法的強制力を持たせるには，約因が必要である。よって，約束に，約因がなければ契約とは認められず，法的強制力はない。しかし，契約上，法的強制力がないからといって，それで救済の道が閉ざされたわけではない。事実関係により，約因がなくとも，一定の約束は強制力を持つこともある。このように，約因がないために契約として認められず，債務不履行による損害賠償請求が認められなかったケースであっても，救済する可能性を残している。これが約束的禁反言（Promissory Estoppel）の法理である。

この約束的禁反言の判断は，正義に反する結果が発生するかどうかによる。すなわち，約束的禁反言とは，単なる約束に法的強制力がないからといって，その約束を履行しないとすると，正義に反する結果が生じることになった場合，この約束を，強制力を持つものとして扱う。

3.　英文契約書

英文契約書でよく見受けられる契約類型としては，国際売買契約，使用許諾（ライセンス）契約，販売店契約，代理店契約，国際合弁契約，秘密保持契約（Non-Disclosure Agreement：NDA），基本合意書（Memorandum of Understanding：MOU）（Letter of Intent：LOI），等がある。このうち，国際取引において最も基本的な契約が国際売買契約であるが，一般に，Sales and Purchase Agreement と呼ばれる。以下，これを中心に，英文契約書の基本構造について解説する。

英文契約書の前文（preamble）には，特有の表現がある。例えば，以下の事例を見てみよう。

3. 英文契約書　27

【事例 3−1】

Sales and Purchase Agreement

This Agreement was made and executed on April 1, 2019 by ABC Co. Ltd., a Japanese corporation having its principal office at 1-2 Otemachi, Chiyoda-ku, Tokyo 101-0053 Japan（the "Seller"）and XYZ Co. Ltd., a New York corporation having its principal office at 123 Second Street Harrison, New York 10518, U.S.A.（the "Buyer"）.

WITNESSETH

WHEREAS, the Buyer desires to purchase the Goods（as defined bellow）from the Seller,

WHEREAS, the Seller desires to sell such Goods to the Buyer.

NOW THEREFORE, in consideration of the mutual agreements contained herein, the parties agrees as follows:

　【事例 3−1】は，ある英文契約書の前文である。英文契約書は，大きく見ると一つの文章となっている。主語が，契約の両当事者の ABC Co. Ltd.と XYZ Co. Ltd.であり，述語が WITNESSETH である。WITNESSETH は「〜を証する」という意味で，それ以降が目的語となっている。WHEREAS は「〜に鑑み，〜であるから」という意味であり，契約の前提となる経緯や事実説明が記述される。また，in consideration of という表現があるが，「〜を約因として」と訳される。すなわち，英文契約書には約因が必須であり，約因のないものは契約としての法的拘束力はない。簡単に言えば，両者の間に give & take の関係があり，対価交換関係が存在するという意味である。

　前文以降の英文契約書は，3つのパートに分けることができる。最初の部分は，契約の目的についての基本事項である。例えば，①契約当事者が，売主・買主の関係であること，②売買の目的物及び数量，③契約金額，④船積条件，⑤船積時期，⑥支払条件，⑦保険，⑧品質保証，等売買契約成立のための基本事項について簡潔かつ網羅的に記述する。これは，通常，英文契約書の第1条に記述する。もし，第1条が定義条項なら，通常，第2条に記述する。

28　第3章　契約実務

次のパートが，上記の基本事項に関しての補足合意事項である。例えば，①支払い（Payment），②引渡・船積（Deliver and Shipment），③保険（Insurance），④品質保証（Warranty）についての具体的な記述である。

最後のパートが一般条項（General Provisions）と呼ばれるものであり，万が一，不測の事態が発生して，円滑な契約履行に支障をきたしたり，契約の不履行が発生した場合は，この契約はどのように処理され，契約当事者に，どのような権利義務があるかの合意事項を記述したものである。

例えば，①知的財産権（Intellectual Property），②商品検査・商品クレーム（Inspection and Claims），③不可抗力（Force Majeure），④契約解除（Termination），⑤仲裁（Arbitration），⑥準拠法（Governing Law），⑦貿易条件（Trade Terms），⑧条項の独立性（Severabillity），⑨譲渡禁止（No Assignment），⑩権利不放棄（No Waiver），⑪完全合意（Entire Agreement），⑫秘密保持（Non-Disclosure）等がある。

日本の契約書と異なるところは，日本の契約書の多くに信義誠実条項（Good Faith Provision）が見られるのに対し，英文契約書には，この信義誠実条項が見られないことである。信義誠実条項とは，具体的には，「本契約の解釈又は履行について疑義が生じた場合は，甲及び乙は，信義誠実の原則に従い協議し，円満に解決を図るものとする。」という内容の条項である。

これは，契約当事者間で，契約をめぐってトラブルが発生した場合には，両当事者同士で誠実に話し合って解決するという意図を示したものである。しかし，実際のビジネスの現場では，話し合いは当然であり，話し合っても解決できないトラブルが訴訟等に発展することから，この信義誠実条項は，実質的に意味を持たない。この信義誠実条項は，大陸法系の国に見られる。

一方，英文契約書は，このような実質的に意味を持たない信義誠実条項は排除し，あらゆるトラブル場面を想定して契約書が作成される。すなわち予測できるトラブルの解決策をすべて契約書に盛り込むことによって，最終的な訴訟を回避しようとするものである。そのため必然的に，英文契約書は詳細かつ長大なものとなる。

次に，完全合意（Entire Agreement）条項について説明しよう。これは，英米法の口頭証拠排除法則を契約書で具現化したものである。

【事例 3−2】

Article X Entire Agreement

This Agreement constitutes the entire agreement between the parties hereto and supersedes any prior arrangement or understanding relating to the subject matter contained herein.

　これは，「本契約は当事者間の完全合意を構成するものであり，本契約は契約前のすべての合意に優先するものとする。」という意味である。すなわち，本契約書に先立って取り交わされた口頭の約束であっても，本契約書に書かれていなければ，法的な拘束力はないというものである。これをもう少し，具体的かつ詳細に記述したものが，以下の条項である。

【事例 3−3】

Article X Entire Agreement

The terms and conditions herein contained constitute the entire agreement between the Parties, and supersede all prior discussions, agreements and understandings between the Parties with respect to the subject matter of this Agreement. Now representation or statement not contained herein shall be binding on either party as warranty or otherwise. No amendment or modification of this Agreement shall be binding on the Parties unless made in writing expressly referring to this Agreement and signed by an authorized representative of each party.

　【事例 3−3】は，「本英訳の条項は当事者間の完全な合意であって，本契約締結前になされた当事者間の主題に関してのあらゆる協議，合意及び了解に取って代わるものである。本契約に含まれていない表明及び陳述は，保証あるいはその他のものとして当事者を拘束するものではない。本契約の修正又は変更については，本契約を明示的に引用し，かつ各当事者間の権限ある代表者が署名した書面によってなされない限り，当事者を拘束するものではない。」と

30 第3章 契約実務

いう意味である。ここまで記述していれば，完全合意条項で疑義が生じること
はないであろう。

物品の売買契約の英文契約書に必ず明記されるのが品質保証（warranty）
条項である。日本法では，契約の内容に何か問題が生じた場合，民法や商法に
従って判断されるため，契約書上において品質保証及び表明保証という概念は
明確には存在しなかった。しかし，判例法体系の国では，契約中にあらかじめ
取決めておくことが必要である。

注意しなければならないのは，品質保証条項の中で，太字になっていたり，
ゴシックになっていたり，全部の文字が大文字になっていたり，又はアンダー
ラインが引いてある箇所がある。これは，契約書の中でも，特に注意すべき事
項として，他より目立つようにしているためである。

この理由は，買主にとって不利になる条項について，アメリカの統一商事法
典（Uniform Commercial Code：U.C.C）2-316条により，品質に関する黙示
保証（implied warranty）を排除するために，大文字等の目立つ文字で明記
されるべきことが規定されているためである。

【事例3－4】

Article X Warranty

・・・・・・

THE WARRANTY SET FORTH HEREIN IS IN LIEU OF ANY AND
ALL WARRANTIES EXPRESS, IMPLIED WARRANTIES OF
MERCHANDABILITY AND FITNESS FOR A PARTICULAR
PURPOSE OR USE, THE SELLER SHALL NOT LIABLE FOR ANY
INDIRECT AND/OR CONSEQUENTIAL DAMAGES.

【事例3－4】は，「本契約で定める保証は，明示，黙示又は法定かを問わず，
商品性あるいは特定の目的若しくは使用への適合性の保証を含め，すべての保
証の代替である。売主は，いかなる間接的あるいは結果的損害の責任も負わな
いものとする。」という意味である。

その他，日本の契約書にはあまり見られない条項として，条項の独立性

（Severability）がある。分離・不可分条項，又は分離独立条項とも呼ばれている。これは，本契約の定める一つ以上の条項が，裁判所の判断により無効とされた場合であっても，その他の条項は，それによって影響を受けず，無効となることはないという意味である。

【事例3－5】

Article X Severability
The provision of this Agreement shall be deemed to be severable, and any invalidity of any provision of this Agreement shall not affect the validity of the remaining provisions of this Agreement.

【事例3－5】は，「本契約の条項は，分離独立した存在とみなされるものとし，本契約のある条項が無効だったとしても残りの契約条項の有効性には影響を与えないものとする。」という意味である。

この他，日本の契約書ではあまり見られない英文契約書の条項として，権利不放棄（No Waiver）条項がある。これは，各当事者が，本契約に基づきある権利を取得した場合に，これを一定期間行使しなかったからといって，当該権利を放棄したものとはみなされないという意味である。

【事例3－6】

Article X No Waiver
The failure of the Seller at any time to require full performance by the Buyer of the terms hereof shall not affect the right of the Seller to enforce the same. The waiver by the Seller of any breach of any provision of this Agreement shall not be construed as a waiver of any succeeding breach of such provision or waiver of the provision itself.

【事例3－6】は，「売主が，いかなるときであれ，契約条件について買主の完全履行を要求しないことがあったとしても，買主に対して当該契約条件の完全履行を求めて法的執行を行う売主の権利には影響を与えないものとする。本

32 第3章 契約実務

契約のいずれかの条項の違反があったとき，売主が法的権利行使を放棄して
も，その後になされる当該条項に関する契約違反に対しても法的権利行使の放
棄，又はその条項自体の権利放棄とは解釈されないものとする。」という意味
である。

　以上のように，英文契約書によく見られる条項を中心に見てきたが，契約の
最後には，両当事者の権限ある者の署名が必要となる。

【事例3－7】

IN WITNESS WHEREOF, the Parties hereto have executed this
Agreement in duplicate original counterparts as of the date first above
written.

Seller　　　　　　　　　　　　Buyer
By（Signature）　　　　　　　By（Signature）
Name in title, and Date　　　　Name in title, and Date

　【事例3－7】は，「上記契約の証として，当事者は，最初に記載された日付
で，本契約書2通を作成し契約を締結した。」という意味である。

練習問題

1. 秘密保持契約書（NDA）のサンプルを見つけ，どのようなことが書かれてい
   るか調べてみよう。
2. 基本合意書（MOU）のサンプルを見つけ，どのようなことが書かれている
   か調べてみよう。
3. 物品の売買契約書（Sales Agreement）のサンプルを見つけ，どのようなこ
   とが書かれているか調べてみよう。
4. 詐欺防止法について，U.C.C §2-201 を調べてみよう。
5. 黙示の保証について，U.C.C §2-316 を調べてみよう。

第4章

国際取引

◆学習のねらい ・・

グローバル企業の活動は，顧客又は取引業者等との対外的な取引と，企業内のマネジメントに関するものに大別することができ，それぞれに法的なリスクが内在する。特に，前者の国際的な対外的な取引（同じ企業グループ内の取引も含む）は，国際取引と言われる領域である。

この章では，企業の対外的な取引であるグローバル企業の国際取引について学習しよう。

・・

1. 国際取引における契約

国際取引，国内取引にかかわらず，ビジネスでは，双方の引き合い（商談）から始まり，交渉の末，最終的に契約書の締結となる。日本国内取引の場合は，その契約書は日本語によるものとなるが，海外との国際取引では，前述のように英文の契約書を用いることが多い。例えば，日本企業と中国企業の間の契約書であっても，英文契約書を作成することが多い。

この理由は，英語が，世界共通の標準言語として世界中で使用されていること，また，イギリスやアメリカでは，比較的早い時期から国際取引が行われていたことと無関係ではない。そのため，必然的に，契約の解釈の根拠となる準拠法も，ニューヨーク州法やイギリス法が多く使用されるのが現状である。

外国との取引の契約書は，国をまたがるため，当然のことながら，物品（貨

34　第4章　国際取引

物）の場合は，輸出入を前提としたものとなる。このため，国際取引の契約書
は，国内取引の契約書よりも非常に複雑なものとなる。また，日本の伝統的な
比較的簡単な契約書とは異なり，想定される法的リスクをできる限りカバーし
た詳細で長大なものとなる。

【事例4-1】

A社は，東京に本社のあるAIロボットの製造・販売をしているAI企
業である。A社は，甲国のB社にAIロボットを100台販売する商談を開
始し，最終的には契約書を締結したいと考えている。契約締結後は，A社
はB社に直接AIロボット100台を輸出するつもりである。

この事例の場合，A社が売主（輸出者）であり，B社が買主（輸入者）であ
る。
　物品の売買に関する商談の最初から契約締結までの一般的な流れは，次の通
りである。
① 売主（輸出者）は，買主（輸入者）に対して販売活動を行う。
② 商品に関心を持った買主は，売主に価格・数量・品質・船積等の照会をする。
③ 売主は，買主に対して，照会に返答し具体的な条件を提示する。
④ その後，売主と買主との間で交渉が行われる。
⑤ 売主と買主との間で合意が成立する。
⑥ 契約書を作成し，契約書（2通）に双方が署名捺印し1通ずつ保管する。
　なお，契約は口頭でも成立するが，国際取引の場合，後のトラブルを未然に
防ぐため，必ず書面による契約書（注文書・注文請書等を含む）が必要である
と言っても過言ではない。

【事例4-2】

A社は，東京に本社のあるAIロボットの製造・販売をしているAI企
業である。A社は，甲国のB社とAIロボットの共同開発をしたいと考え
ている。そのためには，A社はB社にAIロボットの技術情報（秘密情
報）の開示を行う必要がある。

1. 国際取引における契約　**35**

　物品の売買契約は比較的単純だが，技術供与等を伴う場合には，商談に入る前に秘密保持契約書（Non-Disclosure Agreement：NDA）に署名捺印することが行われる。さもなければ，相手方に開示した技術情報が，いつの間にか他に漏えいしてしまうことがあるからである。これは，技術情報に限ったことではなく，顧客情報，マーケティング情報等，秘密として管理されるべき情報はすべて同じ扱いを受ける。これらを総称して営業秘密（Trade Secret）という。

　秘密保持契約書（NDA）には，秘密として保持する情報の種類，秘密保持期間，万が一漏えいした場合の責任の所在・対処方法，損害賠償等を明記することが一般的に行われている。

【事例 4−3】

> 　A社は，東京に本社のある AI ロボットの製造・販売をしている AI 企業である。A社は，甲国の B社と AI ロボットの共同開発をしたいと考えている。A社では，このプロジェクトをスタートさせるに当たり，取締役会で承認を受けなければならない。そのため，B社と基本合意書（MOU）を締結し，それを基に取締役会で承認を得たい。

　石油プラント建設等のような大規模プロジェクトの場合や，AI ロボットの共同開発のような先進的なビジネスの場合，正式な契約書の締結の前に，相手方と様々な交渉や調査に時間がかかることがある。このような場合，正式な契約書の締結前に，ビジネスを進めるという内外の意思の伝達のために，基本合意書（Memorandum of Understanding：MOU）を締結する場合がある。なお，MOU は Letter of Intent（LOI）ともいう。

　ただし，MOU が基本的な合意のための書面であり，正式な契約についての取決めではないという性質のため，MOU は，基本的に法的拘束力を持たない。それを明確にするため，あえて「この MOU には法的拘束力がない」ことを明記することが多い。MOU の使い方としては，企業の取締役会等の経営会議で，当該案件の交渉を進めようかどうかを決定する際の資料として使用されることのほか，金融機関との融資の交渉のために使われることがある。

36　第 4 章　国際取引

【事例 4−4】

　　A 社は，東京に本社のある AI ロボットの製造・販売をしている AI 企業である。A 社は，甲国の B 社に AI ロボットを 100 台販売する商談を開始し，最終的には契約書を締結したいと考えている。なお，A 社は B 社との取引をこの 1 回限りのものとはせず，できれば継続的に取引をしたいと考えている。

　国際契約の場合は，スポット取引（1 回のみの取引）が多く，継続的な取引が国内取引と比べて少ないのが現状である。継続的な取引を行う場合，個々の取引ごとに詳細で長文な契約書を用意することは非効率的であるため，契約書の中でも共通する条項（例えば，入金のための指定口座や準拠法等や一般条項）のみを集めて一つの契約書にした基本契約書と，個々の取引ごとに異なる項目（例えば，数量や金額等）を記載した個別契約書に分けることがある。
　具体的には，契約期間が 5 年であれば，5 年間有効な基本契約書を用意し，この期間内のそれぞれ個別の取引の内容は，個別契約書に記載する。この個別契約書には，注文書・注文請書も含まれる。なお，どの基本契約書の個別契約なのかを明らかにするため，個別契約書は枝番を付す等により，契約書は契約番号により管理するのが一般的である。

【事例 4−5】

　　A 社は，東京に本社のある AI ロボットの製造・販売をしている AI 企業である。A 社は，甲国の B 社に AI ロボットを販売し，B 社のプラントに組み込む予定である。そのために，A 社は B 社に対して技術指導をすることになった。

　技術指導のようなサービスを提供する場合は，契約書の別紙としてサービス・レベル・アグリーメント（Service Level Agreement：SLA）を作成する場合がある。SLA とは，サービスを提供する者が相手（提供先）に対して，どの程度のサービスの内容・品質を保証するかを示したものである。これも契

約の一部となる。

このように，国際取引には，取引内容及び形態によって様々な契約書が使用される。

2. 国際取引に関する法律

国際取引の場合，英文契約書を使って契約を締結することが多いが，その契約書の解釈にどの国の法律を適用するのかという問題が生ずる。いわゆる準拠法（govening law）の問題である。準拠法が異なれば，対象取引の法的な解釈や効力が異なる場合がある。

一般に，私的自治の原則により，どの国の法律を契約の準拠法にするかは，当事者間の合意によって自由に決めることができるが，合意がない場合，原則として紛争を処理する裁判所の所在国の国際私法により準拠法が決められる。なお，国際私法とは，準拠法を定める各国の国内法（抵触法）（何法が適用されるだけを定めた法律）のことである。例えば，日本の抵触法としては，「法の適用に関する通則法」がある。

国際取引に関して，世界共通の統一法は部分的には存在するが，すべての国際取引に適用される法体系としては存在しない。統一法として機能する代表的なものが条約であり，条約はこれらの加盟国を拘束する。例えば，「国際物品売買契約に関する国連条約」（ウィーン売買条約），「外国裁判所の承認及び執行に関する条約」（ニューヨーク条約）等がある。

また，条約と異なり，法的拘束力はないものの，民間団体である国際商業会議所（International Chamber of Commerce：ICC）が定めたインコタームズ（Incoterms）や，荷為替信用状統一規則及び慣習（Uniform Customs and Practice for Documentary Credits：UCP）等は，国際取引のための統一ルールとして広く利用されている。

また，それぞれが属する国の法律にも従わなければならない。例えば，日本では，外国為替及び外国貿易法（外為法），独占禁止法，不正競争防止法，税法等の公法がある。

その他，貿易に関する二国間協定（通商航海条約等），WTO協定，知的財

38　第 4 章　国際取引

産権に関する条約，租税条約，国際通貨基金協定，ワッセナーアレンジメント（WA），各種国際レジームの協定等がある。

　国際取引には重要な条約がいくつもあるが，ここでは代表的な以下の条約を紹介しよう。

① 国際物品売買契約に関する国連条約（ウィーン売買条約）

　一般に「ウィーン売買条約」と呼ばれているもので，正式名称は，United Nations Convention on Contracts for the International Sales of Goods（CISG）である。国連国際商取引法委員会（United Nations Commission on International Trade Law：UNCITRAL）が起草し，1980 年に採択され，1988 年に発効した。これは，イギリスを除く世界の主要国が締約国となっている国際売買に関する条約で，日本も 2009 年 8 月から発効した。

　この条約は，締約国に所在する当事者間の売買に適用されるだけでなく，裁判の行われる国の国際私法により締約国の法が適用される場合にも適用される。

【事例 4−6】

　A 社は，東京に本社のある AI ロボットの製造・販売をしている AI 企業である。A 社は，甲国の B 社に AI ロボットを販売する予定であるが，ウィーン売買条約の適用を排除するために，契約書上に，ウィーン売買条約の排除規定を入れることにした。

　【事例 4−6】のように，ウィーン売買条約の全部又は一部の適用を排除したければ，契約書上にその旨規定することもできる。なぜなら，ウィーン売買条約の締約国の場合，契約書上何も規定していなければ，締約国の法律とともに，自動的にウィーン売買条約が準拠法となるからである。

② 外国裁判所の承認及び執行に関する条約（ニューヨーク条約）

　一般に「ニューヨーク条約」と呼ばれているものであり，正式名称は，Convention on the Recognition and Enforcement of Foreign Arbitral Awards である。この条約では，国際取引の紛争解決手段として，紛争当事者が裁判ではなく，仲裁（arbitration）という方法を選択した場合，加盟国は仲裁裁判

所の承認・執行を許容しなければならない。

すなわち，仲裁がどこで行われたにせよ，勝訴判決を得たならば，相手国で強制執行することができる。逆に，相手国がニューヨーク条約に加盟していなければ，仲裁で勝訴したとしても，相手国での強制執行が担保されていないので注意が必要である。

3. 国際取引のルール策定の機関

国際取引には，条約以外にモデル法や規則等，国際的なルールが用いられている。以下，これらのルールを策定する代表的な国際取引の機関を紹介しておこう。

① 国連国際商取引法委員会（UNCITRAL）

国連国際商取引法委員会（UNCITRAL）は，国際取引促進のための法的フレームワークの改善を目指して設立された国際連合（UN）の中核組織である。UNCITRAL は，この目的のために条約（ウィーン売買条約，ニューヨーク条約等）のほかモデル法，規則等の多くのルールを策定している。

特に，「UNCITRAL 国際商事仲裁モデル法」（UNCITRAL Model Law on International Commercial Arbitration）は，各国がモデル法に準拠しつつ自国の事情を考慮して仲裁法を制定することにより，各国の法律の調和を図ることを狙いとしている。また，仲裁規則に関しても UNCITRAL 仲裁規則がある。「UNCITRAL 国際倒産モデル法」（UNCITRAL Model Law on Cross-Border Insolvency with Guide to Enactment）は，国際倒産を円滑に処理するために策定されたモデル法である。

② 国際商業会議所（ICC）

国際商業会議所（International Chamber of Commerce：ICC）は，各国の商工会議所の国際的連絡調整機関であり，国際取引のための統一ルール作りを行っている。また，国際紛争処理機関として，三大国際仲裁機関の一つである ICC 国際仲裁裁判所を設置している。特に，「インコタームズ」，「荷為替信用状に関する統一規則及び慣例」，「取立統一規則」，「銀行間補填統一規則」，「仲裁規則」等を策定している。

③ 私法統一国際協会（UNIDROIT：ユニドロワ）

国際的な統一法の推進を目的とする協会である。「ユニドロワ国際商事契約原則」（UNIDROIT Principles of International Commercial Contracts）は，各国の裁判例を分析し，国際的な契約の一般原則を条文の形式で作成したものである。定期的に見直しが行われており，現時点で最新のものは 2016 年版である。ただし，条約ではないためウィーン売買条約のような法的拘束力はない。

④ 世界貿易機関（WTO）

世界貿易機関（World Trade Organization：WTO）は，関税及び貿易に関する一般協定（General Agreement on Triffs and Trade：GATT）を発展的に引き継いで国際取引の世界的枠組みを構築するために設立されたものである。物品，サービス，知的財産等に関して各国が最恵国待遇（対象となる国に対して，関税等について別の第三国に対する優遇処置と同様の処置を供することを，現在及び将来において約束すること）や内国民待遇（自国民と同様の権利を相手国の国民や企業に対しても保障すること）を与える義務を課している。

特に，ネガティブ・コンセンサス方式（Negative Consensus Rule：議長が決定案を掲げ，これを審議に参加している構成員に問い，構成員が全会一致で反対しなければ，当該決定案が可決されたとみなす方式）により，国家の不公正な行為に対して，紛争処理のためのパネルの設置・採決が容易になった。ただし，国家間の紛争処理のためのものであり，企業間の紛争処理には利用できない。

4. 国際取引の法的リスク

国際取引は，海外の相手を対象とするため，その取引は複雑であり，また，文化，風俗，習慣，言語，法律，国際情勢，国内制度等の違いから，様々なリスクが内在する。これら以外にも様々なリスクが内在するが，これらのリスクを正確に分析・評価し対応策を考えておく必要がある。

ここでは，国際取引の代表的なリスクを考えてみよう。

① 与信リスク

商品を相手先に販売する場合，相手先に支払能力があるかどうかが気になるところである。商品を送ったけれど，相手先の支払能力が乏しく，代金の回収ができないことが想定される。予定日までに支払いがなされないだけでなく，相手先の企業が倒産する場合も考えられる。

このリスクを回避するためには，相手先の財務状況，支払能力を事前に調査する必要がある。もし，相手先の信用度が低い，又は不明な場合には，輸出者は信用状（L/C）決済を選択することもある（L/C 決済については後述）。

② カントリーリスク

世界には，国の政情が不安定な国がある。もし，そのような国で暴動や内乱が起こった場合はどうしたらよいであろうか。また，経済危機や地震等の災害も想定される。このように，比較的安心して取引を行うことができる国もあれば，いつ何が起こるかわからない国もある。このように，国によって信用度が異なるため，日本の格付投資情報センター（R&I），アメリカのポリティカル・リスクサービス（PRS）やベリ（BERI），ムーディーズ・インベスター等が，カントリーリスクの評価を行っている。

③ 為替リスク

国際取引のリスクの典型的なものが為替リスクである。国際取引を外貨建てで行うと為替リスクの問題が生じる。自国通貨と異なる取引通貨を使用する場合，為替相場の変動による為替変動リスクが生じる。為替変動を回避するには，自国通貨での決済が安全であるが，相手国の通貨で決済する場合は，将来の一定期日に一定の為替相場（レート）で外貨を販売する契約である為替予約等を使用する。

例えば，輸出代金が 100 万米ドルで，商談時には 1 米ドルが 110 円だったとする。この時点では，日本円で換算すると，1 億 1,000 万円の代金を受け取ることになる。ところが，その後，為替相場が変動して，1 米ドルが 100 円（円高）になったとしよう。これで日本円に換算すると 1 億円となり，差額の 1,000 万円が為替差損となってしまう。このため，いつの時点の為替レートを適用するか等を，予め決めておく必要がある。

42　第4章　国際取引

④ 仕入リスク

製造業の場合，部品や部材を海外から仕入れることが多いが，これらの部品や部材が予定通り手に入らない場合がある。原因としては，仕入先（取引業者）の問題やカントリーリスクに起因した問題等，様々な要因が考えられるが，いずれにせよ部品や部材の調達が不可能となった場合，それを使用した製品の出荷ができなくなる。すなわち，相手先（顧客）に予定通り製品を納品できないため，これが原因で相手先（顧客）から損害賠償を請求される可能性がある。

⑤ 法令違反リスク

商品を輸出する場合には，輸出国の輸出規制及び輸入国の輸入規制に従う必要がある。輸出する商品によっては，相手先の国に輸出できないものもある。

例えば，日本では，外国為替管理法，輸出貿易管理令，外国為替管理令等による規制対象品目がある（第7章参照）。また，相手先の国でも，自由に輸入できない規制品もある。これらは多くの場合，刑事罰の対象となっているので注意が必要である。

⑥ 輸送リスク

国内取引に比べ，物品の輸送時間が長いこともあって，物品（貨物）に損害が生じる確率が高くなる。このため，保険をかけることが一般的に行われている。なお，日本の場合は海に囲まれているため，輸送は，海上輸送と航空輸送に限られるが，陸地続きの国では，陸上輸送もある。

⑦ 商品の受け取りと支払いの時差・資金負担

国内取引でも同じことが言えるが，国際取引の場合，相手先が遠方にあるため商品の授受と代金の支払いを同時に行うことは困難であり，時間差が生じる。後払いの場合は，輸出者が代金回収前に商品を出荷することになるため，代金を回収できないリスクを負うことになる。一方，前払いの場合は，輸入者が商品入手前に代金を支払うため，商品を入手できないリスクを負うことになる。

すなわち，後払いであれば，輸出者が，商品の出荷から代金回収までの期間代金を一時的に立て替える形となり，前払いであれば，輸入者が代金支払いから商品の入手・販売までの期間，立て替える形となるため，その間の資金負担

のリスクが生じる。

このような双方のリスクは，信用状（L/C）を利用して銀行が代金の支払い
を保証することで回避することが可能となる。

⑧ **異なる使用言語**

異なる言語のため，商談時からコミュニケーションがうまく取れず，誤解が
生じ，後でトラブルになるケースがある。このため，逐一交渉記録を残し，最
終的には契約書を締結することが必要である。また，言葉が通じたとしても商
習慣が異なる場合もあるので，注意が必要である。

例えば，日本的な「相手の立場を慮って」商談をすすめることは，思わぬ失
敗を招く。相手に対しては，明確な意思表示をすることが重要である。その方
が，相手方に対して誠実な対応となる。

国際取引では，これらのリスクをケースごとに正確に理解し，評価する必要
がある。そして回避できるリスク，受容できるリスクとできないリスクに分
け，受容できるリスクについては，その対策を十分に講じる必要がある。

練習問題

1. ウィーン売買条約について調べてみよう。
2. ニューヨーク条約について調べてみよう。
3. 国連国際商取引法委員会（UNCITRAL）について調べてみよう。
4. 私法統一国際協会（UNIDROIT）について調べてみよう。
5. 世界貿易機関（WTO）について調べてみよう。

第 5 章

輸出入の仕組み

◆学習のねらい‥‥‥‥‥‥‥‥‥‥‥‥‥‥‥‥‥‥‥‥‥‥‥‥‥‥‥‥‥‥

グローバル企業の対外的な活動の中心は国際取引であるが，その中心となるのが有体物（物品・貨物）の輸出入である。輸出入を総称して貿易というが，貿易実務の知識は，定常的に有体物（物品・貨物）を輸出入するグローバル企業にとって，必要不可欠の知識である。

この章では，輸出入の基本的な仕組みについて学習しよう。

‥‥‥‥‥‥‥‥‥‥‥‥‥‥‥‥‥‥‥‥‥‥‥‥‥‥‥‥‥‥‥‥‥‥‥‥‥‥

1. 輸出入

輸出とは，内国貨物（本邦にある貨物で外国貨物でないもの等）を外国に向けて送り出すことをいう（関税定率法 2 条 1 項 2 号，関税法 2 条 1 項 2 号）。一方，輸入とは，外国貨物（外国から本邦に到着した貨物等）を本邦（日本）に引き取ることをいう（関税定率法 2 条 1 項 1 号，関税法 2 条 1 項 1 号）。この輸出と輸入をあわせて貿易と呼んでいる。すなわち，貿易とは他国の取引相手と商品の売買を行うことであり，輸出額と輸入額の差が，貿易収支である。

厳密には，輸出入には，有体物（物品・貨物）のみの輸出入と，サービスを含んだ輸出入（サービス貿易，技術貿易等）があるが，一般的には，有体物（物品・貨物）のみの輸出入を指すことが多い。また，この有体物を，輸出入では貨物という。

財務省の貿易統計によると，日本の 2016 年度の輸出総額（サービスを除く）

は，6,449 億米ドルにのぼり，世界第 4 位であった。1 位は中国の 20,976 億米ドル，2 位はアメリカの 14,546 億米ドル，3 位がドイツの 13,379 億米ドルであった。なお，この輸出には，他国にある自社の子会社・工場等に向けた輸出も含まれる。また，自社が直接相手先に輸出する直接輸出だけでなく，相手先との間に商社を経由した間接輸出も含まれる。

一方，日本の 2016 年度の輸入総額（サービスを除く）は，6,076 億米ドルで，世界第 5 位であった。1 位はアメリカの 22,514 億米ドル，2 位は中国の 15,879 億米ドル，3 位がドイツの 10,551 億米ドル，4 位がイギリスの 6,365 億米ドルであった。このように，日本の輸出入は世界の 4〜5 位に位置する。

2. 輸出の流れ

貨物を外国に向けて輸出しようとする場合，その貨物の品名，数量，価格等，必要な事項を輸出申告書に記入し，貨物を搬入する保税地域等の所在地を管轄する税関長に申告し，必要な検査を経てその許可を受けなければならない（関税法 67 条）。

税関とは，関税・内国消費税の徴収，輸出入貨物の通関（税関長から輸出入の許可を得ること），密輸の取締まり，保税地域の管理等を行う国の行政機関であり，財務省の下におかれている。保税地域とは，これから輸出される貨物を一時置く場所で，通関等の税関手続きが終了するまで蔵置する場所である。また，外国から輸入された貨物を一時置く場所でもあり，関税の納入，輸入許可，通関完了まで蔵置する場所である。なお，保税地域には，指定保税地域，保税蔵置場，保税工場，保税展示場，総合保税地域の 5 種類がある（関税法 29 条）。

【事例 5−1】

A 社は，東京に本社のある AI ロボットの製造・販売をしている AI 企業である。A 社は，甲国の B 社と AI ロボット 100 台を販売する契約を締結したので，輸出手続きを開始した。

46　第5章　輸出入の仕組み

以下，【事例 5-1】を基に，基本的な輸出の流れを示す。

① 契約の締結

輸出入の当事者（A 社と B 社）は，当該貨物（AI ロボット）を送ることにつき，契約書を作成し締結する。

② 船積依頼書作成

輸出者（A 社）は，船積依頼書を作成し，海運・通関業者に貨物（AI ロボット）の通関及び船積みを依頼する。

③ 保税地域への運送

輸出者（A 社）は，輸出貨物（AI ロボット）を保税地域に搬入する。

④ 輸出申告

海運・通関業者は，船積依頼書に基づいて税関に輸出申告を行う。輸出申告はオンラインで行うことができ，貨物（AI ロボット）の記号・番号・品名・数量・価格等を入力する。

⑤ 輸出許可

税関は必要に応じて書類審査，現物検査を行い，輸出許可を出す。

⑥ 船会社（運送業者）の船積

船会社は輸出貨物（AI ロボット）を船に積み込む。

⑦ 船荷証券（B/L）を海運・通関業者に提出

船会社は，船荷証券（Bill of Lading：B/L）を発行し，海運・通関業者に渡す。船荷証券（B/L）とは，船積書類の一つであり，船会社が発行し，貨物（AI ロボット）の引き受けを証明し，当該貨物（AI ロボット）の受け取りの際に提示するものである。

⑧ 船積書類を輸出者に提出

海運・通関業者は，輸出許可書，船荷証券を含む船積書類を輸出者（A 社）に届ける。

⑨ 決済

決済方法には，一般に「信用状（L/C）付荷為替手形決済」「信用状（L/C）なし荷為替手形決済」「外国為替送金（電信送金・小切手送金）」の 3 種類ある。この中で多いのは，輸入者（B 社）からの外国為替送金（電信送金）である。ただし，これは輸入者（B 社）が信頼のおける場合である。

ただし，すべての貨物が輸出を許可されるとは限らず，輸出規制品があるので注意が必要である。例えば，日本では，麻薬，向精神薬，大麻，あへん，けしがら，覚せい剤，児童ポルノ，知的財産権侵害物品等は，輸出が禁止されている（関税法 69 条の 2）。

3. 信用状（L/C）決済

貨物を輸出する場合，必要な書類を用意し，貨物とともに通関業者に渡すと通関業者が輸出の手配を行ってくれるので，通常，実際の輸出は専門の通関業者に依頼することが多い。この通関業者を乙仲（おつなか）と呼ぶことがある。

問題となるのは，輸入者側からの代金の支払いである。後払いであれば，輸入者が代金を支払わないリスクにより，先に貨物を輸出した輸出者が不安定な立場に置かれる。一方，前払いであれば，輸出者が貨物を送らないリスクにより，輸入者が不安定な立場に置かれる。国内取引と異なり，貨物の移動に時間がかかるため，その不安定な立場は長時間続く。

【事例 5−2】

A 社は，東京に本社のある AI ロボットの製造・販売をしている AI 企業である。A 社は，甲国の B 社と AI ロボット 100 台を販売する契約を締結するに際して，B 社の支払い方法を信用状（L/C）決済にしたいと考えている。

相手方（B 社）が，信用のおける企業であれば，代金不払いのリスクはない，又は少ないが，国際取引は，1 回限りのスポット契約が多く，相手の企業の信用調査も十分に行えない場合がある。この場合のリスクの回避策として，信用状（Letter of Credit：L/C）決済がある。ただし，最近では，L/C 決済に手間と費用がかかることもあり，スピードを重要視するビジネスにおいては，L/C 決済ではなく，代金を直接相手方の銀行に振り込む電子決済が多く用いられる。また，現在は，手数料の安い TSU-BPO 等による方法により，代金決

済が行われている。しかしながら，依然として L/C 決済も伝統的に用いられていることから，以下，基本的な L/C 決済における輸出入の流れを見てみよう。

【図表5-1】は，L/C 決済における輸出入の流れを図示したものである。貨物の受け取りと代金の支払いを確実なものとするためのもので，輸出者と輸入者の間に，輸出国銀行と輸入国銀行が間に入る。輸出国銀行を L/C 通知銀行といい，輸入国銀行を L/C 開設銀行という。

また，これらの銀行間ではコルレス契約（Correspondent Contract）が締結されており，送金の支払委託や手形の取立依頼，信用状の授受，決済勘定等について予め取決めがされている。すなわち，コルレス契約とは，ある銀行が他の銀行との資金の仕向・被仕向の為替取引を行う場合に，予め諸条件を取り決める「銀行相互間の為替取引契約」のことであり，コルレス契約を取り交わした銀行をコルレス銀行（Correspondent Bank）という。このように銀行が代金決済の約束をするので，輸入者にとって代金の焦付き（代金が支払われないこと）の心配はない。

L/C は，銀行が輸出者に対して発行するが，L/C 開設銀行は，L/C に記載された要件が満たされたときに，約定の金額を支払う義務が生じる。以下，海上運送を例に，【図表5-1】の番号の流れに従って見てみよう。

【契約成立前】
① 輸出者の販売活動，② 輸入者からの取引条件の引合い，③ 輸出者の見積もり，④ 両当事者契約交渉，⑤ 合意の成立，⑥ 契約調印

【L/C 開設】
⑦ 輸入者による銀行への L/C 開設依頼

L/C 決済条件で取引契約が成立すると，輸入者は，契約に従い L/C を開設するため，輸入者の取引銀行（輸入国銀行（L/C 開設銀行），Opening Bank，L/C 発行銀行，Issuing Bank）に L/C の開設依頼をする。輸入国銀行（L/C 開設銀行）は，この依頼に基づき L/C を開設する。

⑧ 輸入国銀行（L/C 開設銀行）から輸出国銀行（L/C 通知銀行）への L/C 開設通知

輸入国銀行（L/C 開設銀行）は，輸出国側にある当該銀行の支店又は取引関

3. 信用状（L/C）決済　49

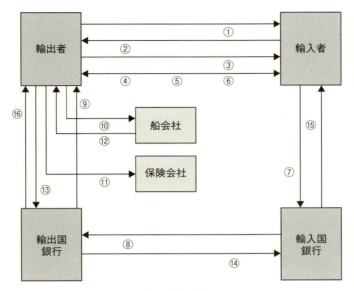

【図表 5−1】
（出典）　富澤敏勝＝伏見和史＝高田寛『改訂版 Q&A「国際取引のリスク管理」ハンドブック』（セルバ出版，2014 年）27 頁を基に著者作成。

係のある他の銀行（コルレス銀行，輸出国銀行（L/C 通知銀行），Advising Bank）に L/C を開設した旨の通知を行う。
⑨ **輸出国銀行（L/C 通知銀行）から輸出者への L/C 開設通知**
　輸出国銀行（L/C 通知銀行）は，輸出者に L/C が開設された旨の通知を行う。
【輸出者の契約履行】
⑩ **運送契約**
　FOB（後述）契約の場合は輸入者が船舶を手配するので，輸出者は，船会社と海上運送契約を締結する必要はない。CIF 又は CFR（C&F）（後述）では，契約価額は，輸出者が，船会社と海上運送契約を締結する必要がある。
⑪ **保険契約**
　FOB 及び CFR（C&F）契約の場合は，輸出者が，貨物に対して海上保険をかける必要はない。CIF では，輸出者が，貨物に対して海上保険をかける必要がある。

50　第5章　輸出入の仕組み

⑫ **船荷証券（Bill of Lading：B/L）**

　貨物が船積みされると，海運会社は船荷証券を発行する。船荷証券は，有価証券としての性格を持っている。

【代金決済】

⑬ **船積書類（Shipping Document）の提出**

　輸出者から輸出国銀行に対して船積書類（Shipping Document）が提出される。

⑭ **船積書類（Shipping Document）送付**

　輸出国銀行から輸入国銀行に船積書類（Shipping Document）が送付される。

⑮ **船積書類（Shipping Document）交付**

　輸入国銀行から輸入者に船積書類（Shipping Document）が交付される。

⑯ **輸出者の輸出代金受領**

　輸出国銀行から輸出者に輸出代金が支払われる。

　以上，代金決済の方法として L/C を使った荷為替手形決済について学習したが，海外との代金決済方法として，L/C なしの荷為替手形決済（D/P, D/A）と銀行為替／外国為替送金（電信送金・送金小切手）がある。

4．インコタームズ（Incoterms）

　インコタームズ（Incoterms）とは，国際商業会議所（ICC）が，貿易用語を解釈するための国際ルールとして定めたもので，貿易実務において，よく使用されている。インコタームズは，国際商業会議所（ICC）が，国際売買における売買当事者の物品の引渡時期，危険負担移転時期，運賃や保険料の費用負担等の取引条件を定めたものであり，英文字3文字で，その内容を表している。

【事例5－3】

　A社は，東京に本社のある AI ロボットの製造・販売をしている AI 企業である。A社は，甲国の B社と AI ロボット100台を輸出するに際し，

4. インコタームズ（Incoterms）　51

インコタームズとして CIP を使用したいと考えている。

　インコタームズは，定期的に改正されるが，現時点でのインコタームズ 2010 は，2 類型 11 種類の取引条件を規定している。第 1 類型は，あらゆる輸送手段にも使用できる 7 種類，第 2 類型は，主に海上輸送に適した 4 種類を用意している。そのうち，頻繁に使われるのが FOB, CIF, CFR（C&F）である。

① FOB（Free on Board）（本船渡し）（海上運送）

　FOB は，「本船渡し」という意味で，海上運賃，保険料は買主（輸入者）負担となる。そのため，本船手配と保険会社手配は，買主（輸入者）が行う。また，貨物が買主（輸入者）の手配した本船に積み込まれたときに，貨物の引渡しは完了し，危険負担は売主（輸出者）から買主（輸入者）に移転する。なお，FOB Yokohama の Yokohama は，仕向地港（輸入港）ではなく，貨物を積み込む積地港（輸出港）である。

② CIF（Cost, Insurance & Freight）（運賃・保険料込本船渡し）

　CIF は，「運賃・保険料込本船渡し」という意味で，売主（輸出者）が，仕向地港までの運賃・保険料を負担する。したがって，本船手配，保険会社の手配は，売主（輸出者）が行う。また，貨物が本船に積込まれたときに，貨物の引渡しは完了し，危険負担は売主（輸出者）から買主（輸入者）に移転するのは FOB と同じである。なお，CIF Los Angeles の Los Angeles は，貨物を積込む積地港ではなく，仕向地港（輸入港）である。

③ CFR（Cost and Freight）（運賃込本船渡し）

　CFR は，「運賃込本船渡し」という意味で，売主（輸出者）は運賃を負担するが，保険料は負担しない。すなわち，売主（輸出者）は本船手配を行うが，買主（輸入者）が保険を自己の費用で手配する。輸出貨物の引渡時期，危険負担の移転時期，仕向地港の表記は，CIF と同じである。なお，1990 年に C&F から CFR に表記が変わったが，現在も実務上 C&F の使用も見られる。

　これら FOB, CIF, CFR はいずれも第 2 類型の海上・内陸水路の輸送の表記である。そのため，それぞれに対応した第 1 類型の FCA（Free Carrier），CIP（Carriage and Insurance and Paid To），CPT（Carriage Paid To）を用

いることが推奨されているが，実務では，輸送手段が何であれ，FOB, CIF, CFR も使用されていることがある。

5. 輸出入統計品目番号（HS コード）

HS コードとは，日本では「輸出入統計品目番号」又は「関税番号」等と呼ばれ，「商品の名称及び分類についての統一システム（Harmonized Commodity Description and Coding System）に関する国際条約」（HS 条約）に基づいて定められたコード番号である。HS コードは，あらゆる貿易対象品目を 21 の部（Section）に大分類し 6 桁の数字で表す。なお，HS コードは，物品が何であるかを特定することで関税を決めたり，規制品の判別を行ったり，輸出入許可を行ったり，統計を取ったりする等のために使用される国際的な統一コードである。

HS 条約加盟国は，国内法に基づいて 6 桁の下を細分化することができる。日本では第 7, 8, 9 桁目を輸出入統計分類用，第 10 桁目を NACCS（輸出入・港湾関連情報処理センター株式会社が運営する，税関その他の関係行政機関に対する手続き及び関連する民間業務をオンラインで処理するシステム）（後述）で使用している。例えば，精米は，「10.06.30.090.1」と表している。

このように HS コードにより，貿易対象物品を特定している。なお，この条約には，日本をはじめ 153 カ国及び EU が加盟しているが，加盟国以外にも HS コードを使用している国・地域が多くある。

6. 輸入の流れ

輸入の流れは，輸出の流れとは逆であり，外国から到着した貨物を，いったん保税地域に搬入し，輸入通関手続き（輸入申告，関税の納付等）によって行う。この輸入通関手続きが完了した時点で，輸入者は，輸入貨物を引取ることができる。また，この時点で，外国貨物から内国貨物となる。

【事例5-4】

　A社は，東京に本社のあるAIロボットの製造・販売をしているAI企業である。A社は，乙国のC社及び丙国のD社から，それぞれAIロボット製造のための部品を輸入することになっている。

　海上貨物の場合，本船が輸入港に到着すると船会社から到着通知（Arrival Notice）が来る，又は輸出者から事前に船積通知（Shipping Advice）が届くと，一般に輸入者は海貨・通関業者を決め，荷受けや通関手続きの代行を依頼する。航空貨物の場合も，手続きは海上貨物とほぼ同様であるが，航空機が到着すると貨物はコンテナのまま保税蔵置場（貨物ターミナル）に搬入された後，直ちに取り出され（バン出し），仕分け点検の後，輸入者に到着通知（Arrival Notice）が行われる。

　現在では輸出入申告も電子化が進み，通関業者，税関等，関連機関との間ではオンラインで結ばれた輸出入・港湾関連情報処理システム（Nippon Automated Cargo and Port Consolidated System：NACCS）を使用して行われる。インボイス等の書類も必要な場合のみ提出すればよい。なお必要に応じ税関の審査や検査を受けて関税と消費税を納付し，税関長から輸入許可書を取得して，輸入貨物を国内貨物として引き取る。

　ただし，すべての貨物に対して輸入が許可されるとは限らず，輸入規制品があるので注意が必要である。例えば，日本では，麻薬，向精神薬，大麻，あへん，けしがら，覚せい剤，あへん吸煙麻薬，けん銃，小銃，機関銃，砲，これらの銃砲弾及びけん銃部品，児童ポルノ，知的財産権侵害物品等は，輸入が禁止されている（関税法69条の11）。

　また，ワシントン条約（野生動植物が国際取引によって過度に利用されるのを防ぐため，国際協力によって種を保護するための条約）の規制対象品目についても輸入の規制があるので注意が必要である。

54　第 5 章　輸出入の仕組み

練習問題

1. 関税定率法 2 条，関税法 2 条を読んでみよう。
2. インコタームズにはどのような種類があるか調べてみよう。
3. NACCS について調べてみよう。
4. ワシントン条約について調べてみよう。
5. 通関業者には，どのような会社があるか調べてみよう。

第6章

知的財産の移転

◆学習のねらい‥‥‥‥‥‥‥‥‥‥‥‥‥‥‥‥‥‥‥‥‥‥‥‥‥‥‥

　前章では，主に有体物（貨物）の輸出入の基本的な仕組みについて学習した
が，有体物（貨物）でないもの，すなわち役務（サービス）の海外への移転も
多い。特に，知的財産権については，国際的な問題も多いのが現状である。
　この章では，知的財産権の海外への移転について学習しよう。

‥‥‥‥‥‥‥‥‥‥‥‥‥‥‥‥‥‥‥‥‥‥‥‥‥‥‥‥‥‥‥‥‥‥‥‥‥

1．知的財産とは

　人間の知的活動によって生み出されたアイデアや創作物等には，財産的な価
値を持つものがあるが，これらを総称して知的財産といい，この知的財産の権
利を知的財産権という。具体的には，特許権，実用新案権，著作権，商標権，
意匠権，営業秘密，ノウハウ等がある。これら知的財産は有体物として存在し
ないが，近時のデジタル化の技術により，表現されたものが無断でコピーされ
たり，まねされたりして権利侵害を受けやすいという特徴がある。そのため，
国際的な取引においては，これらの移転には慎重にならざるを得ず，また知的
財産権をめぐる紛争も多発しているという現状がある。
　以下，代表的な知的財産権を紹介しよう。ただし，知的財産権を保護する法
律は各国で異なり，独自の規制・管理を行っているので注意が必要である。
① **特許権**
　特許権とは，特許を受けた発明を権利者が一定期間独占的に実施することが

できる権利であり，財産権の一種である。日本の特許法1条は「この法律は，発明の保護及び利用を図ることにより，発明を奨励し，もつて産業の発達に寄与することを目的とする。」と規定する。このような特許権を得るためには，発明の内容を記載した書類を願書とともに特許庁に提出し，審査官の審査を受けて特許査定を受ける必要がある。日本では，特許権の保護期間は出願の日から原則として20年（一部25年に延長）である。なお，特許権の要件として，新規性，進歩性，有用性が必要である。

② 実用新案権

実用新案権とは，実用新案法により，製品の形状，構造，組み合わせに関わる考案を独占的に行使できる権利であり，特許権同様，財産権の一種である。実用新案権の要件としては，自然法則による技術思想の創作であることと，製品の形状に関する考案であることである。特許権の保護対象となる発明ほどには高度ではない考案が保護対象となる。

なお，日本では，2005年4月1日以降の実用新案登録出願に対する実用新案権の保護期間は，出願の日から10年である。2005年4月施行の改正法前の実用新案登録出願〔1994年1月1日から2005年3月31日までの出願〕に対する実用新案権の保護期間は，出願の日から6年である。

③ 著作権

著作権とは，思想又は感情を創作的に表現したものであって，文芸，学術，美術又は音楽の範囲に属するものをいう（著作権法2条1項1号）。主な著作物としては，小説，絵画，音楽，映画等があるが，これらはいずれも文化的所産であり，特許権のような産業の発展に寄与するものとは基本的に保護対象が異なる。しかしながら，コンピュータ・プログラムのように双方に関係すると思われるものもあるが，コンピュータ・プログラムは国際的に著作物として著作権が保護している（コンピュータ・プログラムは特許出願することも可能）。

なお，著作権はベルヌ条約（後述）により，出願・登録を要しない無方式主義を採用している。

④ 商標権

商標権とは，自社の商品と他社の商品とを区別するための文字，図形，記号，色彩等の結合体を独占的に使用できる権利である。商標法は，「商標とは，

人の知覚によつて認識することができるもののうち，文字，図形，記号，立体的形状若しくは色彩又はこれらの結合，音その他政令で定めるもの（標章）であつて，一定のもの」と規定している（商標法2条）。例えば，ロゴマークやキャラクター等を商標として登録すると，これら登録商標を使用する権利を専有することができる。保護期間は，登録から10年であるが，更新登録の申請により更新が可能である。

⑤ 営業秘密

不正競争防止法は，「この法律において『営業秘密』とは，秘密として管理されている生産方法，販売方法その他の事業活動に有用な技術上又は営業上の情報であって，公然と知られていないものをいう。」と規定している（不正競争防止法2条6項）。このように，営業秘密の要件は，秘密管理性，有用性，非公知性の3つである。いわゆるノウハウも，営業秘密に含まれる。

企業が何らかの発明をした場合，その技術を特許出願するか，又は営業秘密として保持するかは企業の選択である。

2. 知的財産権に関する条約

知的財産権に関する法律は，国によって異なる。そのため，各国の知的財産権の保護に不均衡が生じることとなる。しかしながら，グローバル化した社会では，国境を越えて知的財産権の移転が日常茶飯事に行われていることから，条約や協定によって国際的な枠組みを作り，これを是正する必要がある。

以下，知的財産権に関する重要な条約・協定を紹介しよう。

① 工業所有権の保護に関するパリ条約（パリ条約）

「工業所有権の保護に関するパリ条約」（Convention de Paris pour la protection de la propriété industrielle）（パリ条約）は，1883年，パリにおいて，特許権，商標権等の産業財産権（工業所有権）の保護を目的とし，万国工業所有権保護同盟条約として作成された条約である。パリ条約では，特許，実用新案，意匠，商標，サービスマーク，商号，原産地表示，原産地名及び不正競争の防止を規定している。特に，内国民待遇，優先権制度，各国工業所有権独立の原則の3つを，パリ条約の三大原則という。

58　第 6 章　知的財産の移転

　内国民待遇とは，自国民と同様の権利を相手国の国民や企業に対しても保障することで，輸入品に適用される待遇は，関税を除き同種の国内産品に対するものと差別的であってはならないというものである。

　優先権制度とは，ある出願（第 1 国出願）に対し，同じ出願人（承継人を含む）による同一性が認められる別の出願（第 2 国出願）が，第 1 国出願と第 2 国出願との間に行われた行為（当該発明の公表等）によって不利な取扱いを受けないという権利である。

　各国工業所有権独立の原則とは，各国の特許独立の原則を重視し，特許権の発生や無効・消滅について，各国が他の国に影響されないという原則である。

　なお，パリ条約は，日本も含め 170 カ国以上が加盟している。

② 特許協力条約（PCT）

　特許協力条約（Patent Cooperation Treaty：PCT）は，パリ条約の特別取決めで，複数の国において特許出願する際に，各国での特許登録を，簡便かつ容易にするための条約である。この条約は，WTO が管理している。

　特許協力条約（PCT）の加盟国は，国際出願によって複数の国に特許出願したと同様の効果を与えているが，複数の国で特許を一律に登録することを可能にするものではない。例えば，ある加盟国（第 1 国）で特許出願（国際出願：Form PCT/RO/101）したものと同じ内容の出願を，第 1 国の出願日から 1 年以内に他の加盟国（第 2 国）に出願した場合，第 2 国の出願の審査に関しては，出願日を第 1 国で出願した日とするものである。

　日本も含めて，現在 140 カ国以上が加盟しており，日本では特許協力条約（PCT）に基づき「特許協力条約に基づく国際出願等に関する法律」が定められている。

③ 文学的及び美術的著作物の保護に関するベルヌ条約

　文学的及び美術的著作物の保護に関するベルヌ条約（Convention de Berne pour la protection des œuvres littéraires et artistiques）（ベルヌ条約）は，著作権に関する条約である。ベルヌ条約の加盟国の国民である著作権者は，他の加盟国において当該国の自国民である著作権者と同等の保護を受けることができる（内国民待遇）。また，ベルヌ条約では無方式主義を採用し，著作権は著作物の創作時に自動的に発生するもので，著作権取得に関しては何ら出願や

登録を要しない。

　また，著作権の保護期間は，写真の著作物及び応用美術の著作物の場合を除き，加盟国は，著作権の保護期間を著作権者の生存期間及び死後 50 年以上としなければならないことが定められている。このため，各加盟国は，ベルヌ条約を基に著作権を法制化している。ベルヌ条約の加盟国は，日本も含めて 160 カ国以上にものぼる。

　なお，ベルヌ条約では，著作者人格権（著作者がその著作物に対して有する人格的利益の保護を目的とする権利の総称）をも保護しているが，英米法では，著作権を純粋な財産権として扱っている。

④ **知的財産権の貿易関連の側面に関する協定（TRIPs 協定）**

　「知的財産権の貿易関連の側面に関する協定」（TRIPs 協定）（Agreement on Trade-Related Aspects of Intellectual Property Rights）は，「WTO を設立するマラケッシュ協定」の一部である「付属書 1c」である。TRIPs 協定は，パリ条約やベルヌ条約等の知的財産権に関する条約の遵守を義務付け，特許権の保護期間等，一部の事項について，これらの条約を上回る保護を求めている。また，これらの条約では，内国民待遇のみが規定されていたが，TRIPs 協定では，WTO の諸協定と同様，最恵国待遇も規定されている。

　なお，最恵国待遇とは，通商条約等において，関税等の別の第三国に対する優遇処置と同様の処置を与えることを，現在及び将来において約束することである。すなわち，特定国に与えた最も有利な貿易条件は，全加盟国に平等に適用される。

⑤ **標章の国際登録に関するマドリッド協定議定書（マドリッド協定議定書）**

　「標章の国際登録に関するマドリッド協定の議定書」（Protocol Relating to the Madrid Agreement Concerning the International Registration of Marks）（マドリッド協定議定書，マドリッド・プロトコル）は，商標の国際登録に規定する条約である。なお，マドリッド協定議定書は，「標章の国際登録に関するマドリッド協定」の議定書という形式をとっているが，マドリッド協定とは独立した条約である。

　マドリッド協定議定書は，商標の国際登録日から，加盟国の官公庁に直接出願された場合と同一の効果を与えている。すなわち，マドリッド協定議定書

60　第6章　知的財産の移転

も，特許協力条約（PCT）と同様，パリ条約の特別取決めとして位置づけられているが，特許協力条約（PCT）が単なる手続きの簡素化のための条約であるのに対して，マドリッド協定議定書は，単一の手続きで，加盟国に対して，その国における商標権と同等の効果を認めている点で異なる。

⑥ 偽造品の取引の防止に関する協定（ACTA）

偽造品の取引の防止に関する協定（Anti-Counterfeiting Trade Agreement：ACTA）（模造品・海賊版拡散防止条約，偽ブランド品規制条約）は，偽造品の取引やインターネットの著作権侵害を取り締まる条約である。ただし，偽造品の取引の防止に関する協定（ACTA）には賛否両論あり，特にインターネットの取締まりに関して，インターネット・サービス・プロバイダ（Internet Service Provider：ISP）への監視義務の強制と，インターネット・サービス・プロバイダ（ISP）から捜査当局への情報提供義務があり，これに対して人権団体等は表現の自由を規制するものとして反対している。このため，EU は偽造品の取引の防止に関する協定（ACTA）の批准を拒否したという経緯がある。

この他，特許法条約（Patent Law Treaty：PLT），商標法条約（Trademark Law Treaty：TLT），商標法に関するシンガポール条約（Singapore Treaty on the Law of Trademarks：STLT），国際特許分類に関するストラスブール協定（Strasbourg Agreement Concerning the International Patent Classification），原産地名称の保護及び国際登録に関するリスボン協定（Lisbon Agreement for the Protection of Appellations of Origin and their International Registration），集積回路についての知的財産に関する条約（Treaty on Intellectual Property in Respect of Integrated Circuits）等，様々な条約・協定が存在する。

3. 技術移転

企業のグローバル化が進むにつれて，製品の単なる輸出だけでなく技術も海外に移転する例が増えている。その形態は様々であり，海外の顧客や取引業者に技術情報を開示するだけでなく，生産拠点（工場）を海外へ移すような場

3. 技術移転　61

合，現地の従業員に製品の製造技術等を教育したり，研究開発の拠点を海外に移した場合には，国内にある重要な技術情報が海外に移転することになる。

これらの技術情報は，電子又は紙媒体で表現されマニュアル化されているのが一般的であるが，マニュアル化されていないノウハウも数多くあり，これらを海外に移転する際は，極めて慎重な取扱いが必要である。

【事例6−1】

　A社は，東京に本社のあるAIロボットの製造・販売をしているAI企業である。A社は，甲国のB社との共同開発のため，B社に，AIロボットの技術情報の開示とともに，特許権の使用許諾（専用実施権）をするつもりである。

特許権を取得するためには，特許庁に，必要な要件（新規性，進歩性，有用性）を満たしているかどうかの審査を受けなければならない。これを特許出願という。特許法は，先出願主義をとっており，いくら発明した時期が早くても，特許出願が遅れれば，先に特許出願した者に特許権が与えられる。

ただし，特許出願されたものは，自動的に審査されるのではなく，出願人又は第三者が，審査請求料を支払って出願審査の請求があったものだけが審査される。この審査請求は，出願日から3年以内に行われなければならない。なお，出願日から1年6カ月経過すると，発明の内容が公開される。

一般的に，知的財産権の使用許諾を行うには，使用許諾契約書（ライセンス契約書）によって許諾を行う。例えば，【事例6−1】のようにA社の保有する特許権の使用許諾をB社に与えることを考えてみよう。A社がライセンサー（許諾者）でありB社がライセンシー（受諾者）となり，ライセンス契約では，A社がB社に対して，特許権の使用許諾を与えることを明記する。また，使用許諾の条件，すなわち，使用許諾料（ロイヤルティ），許諾期間，保証内容，改良発明，関連発明の権利の帰属等を明記することになる。

私的自治の原則により，契約当事者は自由に許諾内容及び条件を決めることができるが，日本においては，公正取引委員会（Japan Fair Trade Commission：JFTC）の「知的財産の利用に関する独占禁止法上の指針」の内容を確

62　　第 6 章　知的財産の移転

認しておく必要がある。知的財産権と独占禁止法の対象分野が競合した場合，独占禁止法は「この法律の規定は，著作権法，特許法，実用新案法，意匠法又は商標法による権利の行使と認められる行為にはこれを適用しない。」と規定している（独占禁止法 21 条）。すなわち，正当な権利行使と認められない場合には，独占禁止法が適用されるので注意が必要である。

【事例 6-2】

　　A 社は，東京に本社のある AI ロボットの製造・販売をしている AI 企業である。A 社は，AI ロボットの生産工場を甲国に移転するつもりである。また乙国に，新たに研究開発センターを開設し，現地の従業員や研究者を雇用するつもりである。

　海外に生産工場や研究開発センターを設立する場合には，現地での技術導入が不可欠である。特に，現地の従業員を雇用する場合には，これらの者に対して技術指導が必要となり，秘密情報を含む多くの技術情報の開示がなされる。この場合，個々の従業員に対し，雇用契約時に秘密保持契約（NDA）を締結しなければならず，また秘密保持契約（NDA）の意味を十分に理解させなければならない。

　これら多くの技術情報は，営業秘密として扱われる。そのためには，営業秘密であるための要素，すなわち秘密管理性，有用性，非公知性の 3 要件を満たすことが必要である。このうち，特に企業が最も重視しなければならないのが，秘密管理性の要件である。

　秘密管理性とは，その情報が「秘密として管理されている」（不正競争防止法 2 条 6 項）ことをいう。ところが，どの程度の秘密管理措置がなされていれば，この要件を満たすことになるのかが不明確であり，予見可能性がないという指摘がなされている。実際の訴訟においても，裁判所の判断も様々であり，最高裁判所の判例が未だ存在しないことからも，秘密管理性も要件については，今もってあいまいである。そのため，経済産業省は，2015 年の不正競争防止法の改正に先立って，「営業秘密管理指針」を全部改訂し，秘密管理性の要件に求められる秘密管理措置の程度を明確化している。

4. 知的財産権の侵害

主な知的財産権の侵害としては，特許権侵害，著作権侵害，商標権侵害，意匠権侵害，営業秘密の不正アクセス等がある。なお，原則として，知的財産権法に関する犯罪は非親告罪であるが，著作権法及び不正競争防止法の営業秘密に関する犯罪は親告罪である。この理由は，公訴により著作物及び不正競争防止法に係る営業秘密が公表されるためである。

このうち，特許権侵害，商標権侵害に関しては，侵害者は 10 年以下の懲役若しくは 1,000 万円以下の罰金に処され又は懲役刑と罰金刑とが併科される。会社の従業員等が特許権，商標権等の侵害行為を行った場合には，法人にも 3 億円以下の罰金刑が科される。

特許権侵害は，特許権の登録により，比較的容易に特許侵害かどうかを判別できるのに対し，著作権については，登録制度がないため，著作権侵害を認定するためには，複製（コピー）又は依拠したという様々な証拠を提出する必要がある。特に，インターネットに絡んだ事件が多く発生しており，私的使用であっても，有償で公衆に提供・提示されていると知りながら音楽や映像をダウンロードする行為は著作権侵害となる。また，海外のサーバから有償著作物を無断でダウンロードする行為も著作権侵害となる。以下，注意すべき知的財産権の侵害を紹介しておこう。

① パテント・トロール

パテント・トロール（patent troll）のトロール（troll）は，トロール漁船のトロールであり，魚をごっそり捕るという意味である。すなわち，パテント・トロールとは，自らが保有する特許権を侵害している疑いのある者に，特許権を行使して巨額の賠償金やライセンス料を得ようとする行為又は者をいう。

【事例 6−3】

A 社は，東京に本社のある AI ロボットの製造・販売をしている AI 企業である。A 社は，ある日突然，甲国の B 社から「A 社の AI ロボットの

64　第6章　知的財産の移転

技術が，B社の特許侵害をしている。」という通知を受け，多額の損害賠償金を要求された。

パテント・トロールの特徴は，小さな企業が多く，自らは製品の製造やサービスを行っていない。研究や製造の設備を持たず，保有している特許の多くは，他者から安く買い取った，又は使われていないような特許である。しかし，パテント・トロールは，世界中の類似の特許や技術を調査し，特定の企業（多くはハイテク大企業）に対して，特許権侵害を理由に巨額の金額を要求する。これがパテント・トロールの狙いである。

また，パテント・トロールの多くは，訴訟経験が豊富な訴訟技術にたけているベテランの弁護士がいるので，注意が必要である。

② リバース・エンジニアリング

ソフトウェアを海外に販売するときに問題となるのが，オブジェクト・コードのリバース・エンジニアリング（reverse engineering）の問題である。オブジェクト・コードとは，人間が読んでもわかるプログラミング言語で書かれているソース・コードを，コンパイラという翻訳ソフトを通して，コンピュータが解読できる0と1の機械語に変換したものである。

リバース・エンジニアリングとは，機械を分解したり，製品の動作を観察したり，ソフトウェアの動作を解析する等して，製品の構造を分析し，そこから製造方法や動作原理，設計図，ソース・コード等を調査することであり，特許法では，一般に認められている。しかし，著作権法には明文の規定がなくあいまいである。

【事例6－4】

A社は，東京に本社のあるAIロボットの製造・販売をしているAI企業である。A社は，AIソフトウェアを販売するにあたり，使用許諾契約書の中に，リバース・エンジニアリング禁止条項を入れた。

ソフトウェアの場合には，オブジェクト・コードをリバース・エンジニアリングするとソース・コードに変換でき，プログラムを解読し，その技術を盗む

ことができる。そのため、ソフトウェアを販売する場合には、オブジェクト・コードだけをコンピュータにインストールし、そのソフトウェアの使用許諾契約（ライセンス契約）には、リバース・エンジニアリングの禁止規定がおかれる。すなわち、受諾者が許諾者に無断でオブジェクト・コードをリバース・エンジニアリングした場合には、契約違反とするものである。

しかし、現実問題として、オブジェクト・コードをリバース・エンジニアリングしてソース・コードを生成する専用のソフトウェアも販売されているため、これを使ってソース・コードを生成することも可能である。これに対しては、有効な防御方法がないのが現状である。海外にソフトウェアを販売する場合には、十分注意する必要がある。

5. 海外の法規制

(1) アメリカ

アメリカの知的財産権は、アメリカ合衆国憲法1条8節8項により、連邦管轄である。アメリカの特許に関する法律は、アメリカ特許法（35 U.S.C.）（Title 35 of the United States Code）（アメリカ合衆国法典タイトル35）である。アメリカの特許制度は、長らく先発明主義を採用してきたが、2011年に先願主義に変更になった。

先願主義とは、最初に特許出願を行った者に特許権を与える制度である。例えば、同じ発明をした者が2人いた場合、どちらが先に発明をしたかにかかわらず、先に特許庁に出願した者（出願日が早いほう）が特許を受ける権利を有する。これに対して、先に発明した者が特許を受ける権利を有することを先発明主義という。日本を含む他の国も先願主義を採用しているので、アメリカの特許法も平仄を合わせる形となった。

アメリカの著作に関する法律は、アメリカ著作権法（17 U.S.C.）である。アメリカ著作権法で特徴的なものは、第107条（17 U.S.C. § 107）のフェアユース（fair use）規定である。フェアユースとは、著作権侵害の主張に対する抗弁事由の一つであり、著作権者の許諾なく著作物を利用しても、その利用が4つの判断基準のもとで公正な利用（フェアユース）に該当するものと評価

されれば，その利用行為は著作権の侵害にあたらないという法理である。

　また，多数の国が著作者の死後 50 年（あるいはそれ以上）まで存続するものと規定する国が多数を占めるが，中でもアメリカ著作権法は，その保護期間が長いのが特徴的である。具体的には，保護期間は，原則として，著作者の死後 70 年，法人著者の場合は，発行後 95 年又は制作後 120 年のどちらか短い方である。

　この背景には，2003 年のミッキーマウスのパブリックドメイン化が近づいた頃，1998 年，アメリカ議会は「ミッキーマウス延命法」とも呼ばれる著作権延長法を制定した。すなわち，ディズニーのミッキーマウスの著作権保護の期間を延長し，世界中から得られるロイヤルティを引き続き確保するという狙いがあった。

　2018 年，アメリカは，中国の知的財産権侵害に対し，アメリカは中国に巨額の知的財産を盗まれ，過剰な対中貿易赤字を抱えているとして，中国製品に制裁関税をかけると発表した。具体的には，中国製品に最大 600 億ドル規模の制裁関税を課すと決定したが，これに対し中国は猛反発し，自国の権益を守るために「あらゆる必要な措置を取る」と表明した。今後の成り行きが注目される。

(2) 中国

　中国では，日本の特許権に相当する「発明専利益権」，実用新案権にあたる「実用新案専利権」，意匠権に相当する「概観設計専利権」の 3 つの権利が中華人民共和国専利法（専利法）でまとめて規定され，「専利権」と総称されている。

　中国は，他の先進国と比べ，以前より知的財産権に対する意識が希薄であったが，近時，特許等の知的財産権の保護を強化する政策を進めている。また，2014 年には知財紛争を専門に扱う裁判所を設立している。

　中国がこれまで加盟した知的財産権保護に関する国際条約として，「世界知的所有権機関を設立する条約」（1980 年加入），「工業所有権保護に関するパリ条約」（1985 年加入），「文学的及び美術的著作物の保護に関するベルヌ条約」，「万国著作権条約」，「許諾を得ないレコードの複製からのレコード製作者の保

護に関する条約」（以上 1992 年加入）等がある。

著作権に関しては，著作権法に続いて，著作権法実施条例，コンピューターソフト保護条例等が相次いで制定され，著作権の法的保護が強化されている。

このように中国の知的財産権に関する規制は強化されつつも，映画の海賊版等，侵害行為が後を絶たない。これを重く見るアメリカとの知的財産権侵害をめぐる争いは，アメリカが中国を WTO に提訴したことで，争いの場を WTO に移したことになる。

これに対し WTO は，2018 年 7 月，中国の貿易政策に関する審査報告書を発表した。この中で，米国が侵害されている知的財産権について，保護するための体制が引き続き主要な課題と指摘し，中国に改善を求めた。

以上のように，近時，保護主義的傾向を強めるアメリカにとって，知的財産権をめぐるアメリカと中国の争いは，妥協を許さない状況に向かい，世界経済にとっても大きな影響を与えるものである。

練習問題

1. 工業所有権の保護に関するパリ条約（パリ条約）について調べてみよう。
2. 特許協力条約（PCT）について調べてみよう。
3. 文学的及び美術的著作物の保護に関するベルヌ条約（ベルヌ条約）について調べてみよう。
4. 知的財産権の貿易関連の側面に関する協定（TRIPs 協定）について調べてみよう。
5. 標章の国際登録に関するマドリッド協定議定書（マドリッド協定議定書）について調べてみよう。
6. 35 U.S.C.を調べてみよう。
7. 17 U.S.C.§ 107 を調べてみよう。

第7章

安全保障貿易管理

◆学習のねらい……………………………………………………………………

　前章では，主に貨物の輸出入及び技術等の移転について学習してきたが，すべての貨物及び役務（技術等）が輸出（移転も含む）できるとは限らない。大量破壊兵器の開発を行っている国家やテロリストに対して，武器や軍事転用可能な民生用の製品及び技術を海外に輸出するためには様々な規制がある。

　この章では，安全保障貿易管理について学習しよう。

……………………………………………………………………………………………

1. 安全保障貿易管理とは

　安全保障貿易管理〔Security Trade Control〕とは，国際的な平和及び安全の維持の観点から，大量破壊兵器等の拡散防止や通常兵器の過剰な蓄積を防止するために，国際的な輸出管理の枠組み（レジーム）や関係条約に基づき，自国内の法令によって，厳格な輸出管理を行うことをいう。すなわち，安全保障貿易管理の目的は，世界の安全と平和の維持であり，そのため国際社会の安全を脅かす国家やテロリスト等に，武器や軍事転用可能な貨物・技術が渡ることを防ぐことである。

【事例7－1】

　A社は，東京に本社のある AI ロボットの製造・販売をしている AI 企業である。A社は，甲国の B 社に AI ロボット 100 台を，安全保障貿易管

理の規制を無視して輸出したために，当局により摘発された。

　安全保障貿易管理を徹底するためには，安全保障貿易管理法令を遵守する必要がある。これらの法令や規則に違反した場合には，日本では，最大 7 年の懲役及び 1,000 万円若しくは輸出価格の 5 倍の罰金を支払わなくてはならない。また，これらの法令違反は，故意又は過失を問わず罰せられる。すなわち「知らなかった」では済まされないほど，重要な法令であるということができる。

　輸出規制の対象は，貨物及び役務である。貨物とは，有体物を意味し，役務とは，ソフトウェアや技術を含むサービスを指す。なお，これら貨物及び役務を輸出する際には，「リスト規制」と「キャッチオール規制」（補完的輸出規制）がある。

　リスト規制とは，規制する貨物及び役務がリストアップされたリストに基づき輸出規制するもので，規制の対象は，武器若しくは軍事用にも転用可能な高度技術汎用品（デュアルユース品）である。すなわち，民生用（平和利用）のものであっても，武器・兵器等の軍事品への転用が可能なものが対象となる。

　キャッチオール規制とは，リスト規制品以外の貨物及び役務のものであっても，輸出先の使用目的（用途）や使用者（需要者）によって輸出規制するものである。規制の範囲は，食料品や木材等の一部を除くすべての貨物及び役務が対象となる。

　これらの規制対象である貨物及び役務を海外に輸出・移転する際に，問題となるのが仕向地（国・地域）である。日本では，すべての国・地域を，アメリカやイギリス等の①ホワイト国，②非ホワイト国，③イラン，イラク，北朝鮮の 3 カ国の懸念国，④アフガニスタン等の武器輸出禁止国，の 4 つのカテゴリーに分け，それぞれに異なった規制をかけている。

　また，経済産業省が公表している「外国ユーザーリスト」や，アメリカ商務省の Table of Denial Orders（TDO）等のような，輸出禁止の個別のリスト（会社名や個人名等が掲載）によって，個別に輸出規制をかける必要がある。

2. 国際レジーム

　安全保障貿易管理の原形は,「対共産圏輸出統制委員会」(Coordinating Committee for Multilateral Export Control：COCOM) である。輸出行為が,共産主義諸国の軍事能力の強化へつながることを防止し,アメリカが旧ソ連に対して軍事的優位を保つために設立されたものである。1949 年に設立され,アイスランドを除く北大西洋条約機構 (NATO) 加盟諸国と日本,オーストラリアが参加していた。東西の冷戦時代の終焉とともに,対共産圏への輸出規制から,大量破壊兵器の開発を行っている国家やテロリストへの輸出規制へと変化し,COCOM は 1994 年に解散した。COCOM に替わって成立したのが,ワッセナーアレンジメント (WA) である。

　現在,国際的な輸出管理レジームは,通常兵器関連を管理するワッセナーアレンジメント (Wassenaar Arrangement：WA),核兵器を管理する原子力供給国グループ (Nuclear Suppliers Group：NSG),生物・化学兵器を管理するオーストラリアグループ (Australia Group：AG),ミサイル技術管理レジーム (Missile Technology Control Regime：MTCR) の 4 つがある。

① ワッセナーアレンジメント (WA)

　正式名称は,「通常兵器及び関連汎用品・技術の輸出管理に関するワッセナーアレンジメント」(The Wassenaar Arrangement on Export Controls for Conventional Arms and Dual-Use Goods and Technologies：WA) であり,通常兵器の輸出管理に関する国際的な協定である。

　1996 年に第三国への通常兵器の過剰な蓄積の防止を目的に設立された。2017 年時点では,42 カ国が協定を結んでいる。なお,ワッセナーという名称は,オランダのハーグ近郊のワッセナーで設立交渉が行われたことに由来する。COCOM に替わって成立したため,New COCOM とも呼ばれる。

　COCOM がその対象を共産圏諸国としていたのに対し,ワッセナーアレンジメント (WA) では,その対象を特定の対象国又は地域に絞ることなく,すべての国家又は地域及びテロリスト等の非国家主体も対象としている点で異なる。また,その規制対象物品は,通常兵器及び関連汎用品・技術であり,これ

らはワッセナーアレンジメント（WA）の「輸出管理対象品目リスト」にリストアップされている。

　輸出管理対象品目リストは、「汎用品リスト」及び「軍需品リスト」に分かれ、「汎用品リスト」はさらに「基本リスト」と「機微リスト」に分かれる。基本リストは、先端材料やエレクトロニクス等の9つのカテゴリーに分けられ、機微リストには、基本リストより機微なものがリストアップされている。

　なお、ワッセナーアレンジメント（WA）は、参加国間の単なる協定であるため、ワッセナーアレンジメント（WA）自体に拘束力はない。しかし、参加国は、ワッセナーアレンジメント（WA）の輸出管理対象品目リストを基に、具体的な規制を法制化している。

② 原子力供給国グループ（NSG）

　原子力供給国グループ（NSG）は、核拡散防止を目的とした国家グループ組織であり、2018年現在、48カ国が加盟している。原子力供給国グループ（NSG）の設立の発端は、1974年のインドの核実験である。これにより、原子力発電技術が、容易に核兵器への技術転用が可能であることが明らかとなり、核兵器不拡散条約（Treaty on the Non-proliferation Nuclear Weapons：NPT）を批准した国家間で、原子力技術及びそれに関連した設備の輸出には何らかの制限が必要であるという合意がなされた。

　その後、湾岸戦争でイラクが使用した武器の中に、軍民両用品（デュアルユース品）が存在することが判明し、加盟国は両用品に対する制限の強化を目的として協定を更新し、これを軍民両用品リストとして1992年に公開した。以後、この軍民両用品リストによって、規制を行っている。

　なお、NPT以外に、包括的核実験禁止条約（Comprehensive Nuclear Test Ban Treaty：CTBT）があるが、これは、宇宙空間、大気圏内、水中、地下を含むあらゆる空間における核兵器の実験的爆発及び他の核爆発を禁止するものである。

③ オーストラリアグループ（AG）

　オーストラリアグループ（AG）は、化学兵器・生物兵器の拡散防止を目的とした国家グループの組織であり、これら兵器の開発・製造に使用し得る関連汎用品及び技術の輸出管理を行っている。この組織の設立の発端は、1980年

のイラン・イラク戦争で，1984年にイラクが化学兵器を使用したことによる。このため，オーストラリアが中心となり，現在も議長国を務めていることからオーストラリアグループ（AG）と呼ばれる。現在，加盟国は42カ国及びEUである。規制の根拠となる条約は，化学兵器禁止条約（Chemical Weapons Convention：CWC）と生物兵器禁止条約（Biological Weapons Convention：BWC）である。

　設立当時は，化学兵器の輸出管理が目的だったが，1991年からは化学兵器の開発・製造関連の輸出管理，1993年からは，生物兵器の拡散防止も含まれるようになった。規制品目としては，化学兵器の前駆物質（化学反応等で，ある物質が生成される前の段階にある物質），化学兵器製造のための汎用施設及び設備並びに関連技術及びソフトウェア，生物関連の汎用設備並びに関連技術及びソフトウェア，ヒト病原体及び動物病原体並びにヒト及び動物に対する毒素，植物病原体である。

④ ミサイル技術管理レジーム（MTCR）

　ミサイル技術管理レジーム（MTCR）は，大量破壊兵器が運搬可能なミサイルの拡散防止を目的とした国際グループ組織である。核兵器の運搬手段となるミサイル及び関連汎用品・技術を対象に1987年に発足し，その後1992年に核兵器のみならず，生物・化学兵器を含む大量破壊兵器を運搬可能なミサイル及び関連汎用品・技術も対象とした。2018年現在，加盟国は35カ国である。

　MTCRの加盟国は，MTCRガイドライン及び附属書に則り，加盟国の国内法令を通して規制を行っている。MTCRガイドラインは，MTCRの目的を示し，MTCR加盟国及びガイドライン遵守国に対して規制の指針を与えている。附属書は，ミサイルの開発及び生産等に関連する軍用品及び汎用品を含む資機材・技術を広範囲に掲載し，各品目の機微度に応じてカテゴリーIとカテゴリーIIに区分している。

　ただし，MTCRは，各国間で輸出管理の取り組みを調整するための非公式・自発的な集まりであり，国際的な拘束力はない。

3. 日本の法規制

日本の輸出規制に関連する法令としては，外国為替及び外国貿易法（外為法），輸出貿易管理令（輸出令，貿易令，貿管令），外国為替管理令（外為令）がある。貨物は外為法48条に，役務は外為法25条にそれぞれ規定されている。

【事例7−2】

> A社は，東京に本社のあるAIロボットの製造・販売をしているAI企業である。A社は，甲国のB社にAIロボット100台を輸出することになったので，輸出管理部が「該非判定」を行い，該当の場合，輸出許可（E/L）を申請することにした。また，B社が最終需要者かどうか，及びAIロボットの最終用途を調査することにした。

外為法に基づき，貨物は輸出貿易管理令，役務は外国為替管理令で，許可又は承認を要する特定の貨物の範囲を規定している。具体的には，貨物は輸出貿易管理令別表第一，役務は外国為替管理令別表に，規制対象となる貨物又は役務が記載されており，それぞれ16の項がある。

1項から15項までは，兵器に転用可能な貨物又は役務がリストアップされており，これらはリスト規制の対象である。一方，16項は，食料と木材以外で兵器に用いられるおそれのあるものが記載されており，キャッチオール規制の対象となる。なお，輸出令別表第一の項番と外為令別表の項番は，それぞれ対応している。

	法律	政令（リスト規制）	政令（キャッチオール規制）
貨物	外為法48条	輸出令別表第一 （1−15項）	輸出令別表第一 （16項）
役務	外為法25条	外為令別表 （1−15項）	外為令別表 （16項）

【図表7−1】 輸出規制の法令と対象

74　第7章　安全保障貿易管理

　貨物又は役務を輸出する場合，最初に行うのが「該非判定」である。該非判定とは，貨物又は役務が輸出令別表第一又は外為令別表に掲載されている規制品目に該当するのか，もし該当した場合，その技術のスペックを超えているかどうかを判定するものである。スペックを超えていたら「該当」，超えていなかったら「非該当」，そもそも輸出令別表第一又は外為令別表に掲載されていなければ「規制対象外」と判定される。この該非判定書を「パラメータシート」という。

　該非判定で「該当」と判断された場合には，基本的に輸出許可（Export License：E/L）が必要である。なお，この輸出許可（E/L）は，通常の輸出申告とは異なるものである。このように，規制対象である貨物又は役務は，輸出令別表第一又は外為令別表に記載されており，ある一定のスペックを超えている場合には輸出許可（E/L）を要するという方法をとる。この規制方法が「リスト規制」である。

　一方，リスト規制とは異なり，輸出令別表第一又は外為令別表に記載されていない貨物又は役務であっても，使用目的（用途）や使用者（需要者）が大量破壊兵器の開発及びそれらを行っている国家やテロリストであると思われるようなおそれがある場合にも，輸出許可（E/L）を要する。この規制方法が「キャッチオール規制」である。ただし，欧米・韓国等，輸出管理を厳密に実施している国は，キャッチオール規制の対象外としている。

　なお，日本は，前述のとおり世界の国又は地域を4つのカテゴリーに分け，それぞれ異なる規制を行っている。

　例えば，輸出令別表第三には，輸出規制や管理が厳格に実施されているとみなされた国を記載している。アメリカ，イギリス等27カ国で，これらの国への輸出はキャッチオール規制の対象外である。これらの国をホワイト国という。

　輸出令別表第三の二には，アフガニスタン，北朝鮮，ソマリア等の武器輸出禁止国が記載されている。これらの国に輸出する場合には，大量破壊兵器だけでなく通常兵器に対してもインフォーム要件，用途要件，需要者要件が必要となる。なお，インフォーム要件とは，経済産業大臣から，大量破壊兵器等の開発，製造，使用又は貯蔵に用いられるおそれがある，又は通常兵器の開発，製

輸出令別表第一・ 外為令別表の項番	規制品目	対応する国際レジーム
1項	武器及びその部分品	WA
2項	原子力関連	NSG
3項	化学兵器関連	AG
3の2項	生物兵器関連	AG
4項	ミサイル関連	MTCR
5項	先端材料	WA
6項	材料加工	WA
7項	エレクトロニクス	WA
8項	コンピュータ	WA
9項	通信関連	WA
10項	センサー，レーザー等	WA
11項	航法関連	WA
12項	海洋関連	WA
13項	推進装置	WA
14項	その他（軍事品リスト）	WA
15項	機微品目	WA
16項	キャッチオール対象品 （食料と木材以外はすべて）	

【図表7－2】 貨物及び役務のリスト規制

造又は使用に用いられるおそれがあるとして輸出許可（E/L）申請をすべき旨の通知（インフォーム通知）を受けている場合に，輸出許可（E/L）申請が必要となるものである。

また，輸出令別表第四には，戦争や紛争等，国内政情の不安定や軍事国家とみなされたイラン，イラク，北朝鮮が記載されている。これらの国を懸念国といい，すべての輸出に対して輸出許可（E/L）を要するとしているが，実質的には貿易禁止国の扱いを受けている。

この他，経済産業省が，貨物や技術を兵器に使用するおそれのある需要者のリストを公表しているが，これを「外国ユーザーリスト」という。これに掲載されている需要者には，大量破壊兵器等に用いられないことが明らかな場合を除き，輸出することはできない。

4. アメリカの法規制

　海外の輸出管理の法規制で，最も重要なものがアメリカの法規制である。な
ぜなら，アメリカの輸出管理法令は，主権又は管轄権の及ばない他国の取引で
も，輸出する貨物又は役務がアメリカ製であれば，アメリカの再輸出規制の対
象となるからである。このように，外国で行われた行為に自国の法を適用する
ことを「域外適用」という。なお，アメリカから日本に輸入された貨物又は役
務で，それが日本国内で販売された場合であっても，アメリカの輸出規制で
は，日本国内での販売を再輸出とみなすので注意が必要である。

　アメリカの輸出管理関連法規としては，一般の民生品（デュアルユースを含
む）の輸出及び再輸出を規制した「米国輸出管理法」（Export Administration
Act：EAA）（商務省管轄），軍事用品関連貨物・技術を規制した「武器輸出管
理法」（Arms Export Control Act：AECA）（国務省管轄），交戦国に適用する
「対敵取引規制法」（Trading with the Enemy Act：TWEA）（財務省管轄），
アメリカの安全保障に脅威を与える国や事象に対する「国際緊急経済制限法」
（International Emergency Economic Powers Act：IEEPA）（財務省管轄），
核関連の貨物と技術の輸出規制に関する「原子力法」（Atomic Energy Act：
AEA）（エネルギー省管轄）等があるが，実際上，最も重要なのが，「米国輸
出管理規則」（Export Administration Regulation：EAR）（商務省管轄）であ
る。

　中でも，米国輸出管理規則（EAR）は，米国輸出管理法（EAA）の具体的
な規則であり，実質的にアメリカの輸出規制の中心となっている。輸出管理規
制で規制対象となる貨物及び役務は，米国輸出管理規則（EAR）の EAR §
774 Supplement No.1 に商務省規制品目リスト（Commerce Control List：
CCL）としてリストアップされている。さらに，これらはカテゴリー0から9
までに分類され，各々のカテゴリーは5つの製品グループに分けられている。
また，これらには輸出規制分類番号（Export Control Classification Num-
ber：ECCN）が付けられており，貨物及び役務は，これによって管理されて
いる。

また，国に対するカテゴリーとしては，規制の程度によって，A国群（レジーム参加国），B国群（規制の弱い国），C国群（懸念国），E国群（テロ支援国）の4つのカントリーグループがある。

5. 輸出管理体制

規制対象となっている貨物や役務を無許可で輸出・移転した場合，外為法違反（同法69条，70条）となり，懲役刑では最大10年，罰金は最大1,000万円若しくは目的物の価格の5倍もの罰金を払うことになりかねない。また，これら以外にも，社会的信用を失うことになり，企業としては大きな損失を被ることになる。そのために，特にグローバル企業は，輸出管理体制を構築し，輸出管理を確実に行うことが重要である。

【事例7−3】

> A社は，東京に本社のあるAIロボットの製造・販売をしているAI企業である。A社は，輸出管理体制を構築するため，社長自ら輸出管理最高責任者となった。

一般的な輸出管理体制は，輸出管理最高責任者の下に輸出管理部門を置き，全社的な一括管理をすることが望ましい。少なくとも国ごとの管理が必要である。また，定期的な監査と，従業員・役員に対する教育が重要である。多くの過去の違反事例を見ると，輸出管理の重要性の認識の甘さがある。安全保障貿易は，「知らなかった」ではすまされず，刑事罰が科されることを認識すべきであろう。なお，企業における具体的な輸出管理体制の構築やコンプライアンス・プログラムの作成については，経済産業省のガイドライン等が参考になる。

練習問題

1. 経済産業省が公表している「外国ユーザーリスト」を調べてみよう。
2. ワッセナーアレンジメント（WA）を調べてみよう。

78　第 7 章　安全保障貿易管理

3. 核兵器を管理する原子力供給国グループ（NSG）を調べてみよう。

4. 生物・化学兵器を管理するオーストラリアグループ（AG）を調べてみよう。

5. ミサイル技術管理レジーム（MTCR）を調べてみよう。

6. 国連安保理決議 1540 号を調べてみよう。

第8章

企業の海外進出

◆学習のねらい・・・

　企業の成長とともに海外へ進出する傾向がある。特に，グローバル企業は，企業の海外進出を原動力に発展した企業であり，日々，新たな海外進出を模索していると言っても過言ではないであろう。

　本章では，グローバル企業の海外進出の形態を概観し，どこに法的問題があるのかを学習する。

・・・

1.　企業の海外進出

　企業の成長にとって，海外への進出は不可避である。この理由は，日本の今後の少子化の影響や経済の停滞等の可能性を考慮すると，ビジネスのマーケットを日本国に限ることへの不安が大きいことが挙げられる。企業としては，できる限り販売網を海外に延ばしてマーケットを確保することと，海外からの調達・生産によってコストダウンを図ることが必要となる。

　2017年度の外務省「海外進出企業実態調査」によれば，2016年10月現在，海外に進出している日本企業の総数（拠点数）は，71,820拠点であり，毎年徐々に増加している。そのうち現地法人企業が約半数の35,831拠点を占めている。地域別では，アジアの69%が一番多く，北米が13%，西欧が8%であり，アジア・北米・西欧が約90%を占めている。増加率では，中米，中東，北米が多い。進出国では，中国が約45%と一番多く，アメリカが12%であり，

80　第 8 章　企業の海外進出

この 2 国で半数以上を占める。このように，日系企業の海外進出先は，統計上，中国が圧倒的に多い。

　しかし，すでに海外進出を一定程度果たしたグローバル企業は，海外進出を 1 国に集中することなく，世界中の国・地域に，複数の販売拠点や生産拠点を持っていることが特徴である。

　企業の海外進出の形態としては，海外の企業との代理店・販売店契約，支店，子会社，生産拠点（工場等）の設立，合弁企業（JV）の設立，M&A（Merger and Acqusition）等がある。

2.　代理店又は販売店契約

　企業は，ある国に対する輸出量が増え販売が活発になってくると，その国のビジネスを拡大するために，現地の企業と代理店契約（Agency Agreement）又は販売店契約（Distributorship Agreement）を締結し，現地の企業の販売網を使って，自社の商品やサービスのビジネスを展開することがある。

【事例 8 − 1】

> 　A 社は，東京に本社のある AI ロボットの製造・販売をしている AI 企業である。A 社は，甲国の B 社と AI ロボットの代理店契約を，乙国の C 社と販売店契約を締結したいと考えている。

　代理店契約とは，現地の企業（B 社）が代理店（Agent）となり商品又はサービスを販売する代わりに，代理店（B 社）は商談ごとに一定の手数料を得る契約である。すなわち，代理店（B 社）は，本人（Principal）（A 社）の代理として本人（A 社）の商品又はサービスを広く紹介し，販売拡大活動を行う。しかし，代理店（B 社）は顧客との売買契約の直接の当事者とはならず，その活動も，あくまで本人（A 社）のための仲立ちであるため，売買契約は，本人（A 社）と顧客との間で締結される。よって，その活動から生じるすべての損益や危険は，売主である本人（A 社）に帰属する。

　一方，販売店契約とは，現地の企業（C 社）が販売店（Distributor）とな

り，売主（A 社）の商品又はサービスを販売する。すなわち，販売店（C 社）は，顧客との直接の売買契約の契約当事者となり，自らの責任（損益や危険負担）で商品又はサービスを顧客に販売する。販売店（C 社）は，売主（A 社）との間の販売店契約を基に，売主（A 社）と商品又はサービスの個別の売買契約を結び，売主（A 社）から購入した商品又はサービスを契約当事者として顧客に販売する。その際の価格は，販売店（C 社）が自由に設定することができる。このように売主（A 社）との商品取引は，いわゆる相対取引（売り切り・買い切り）であり，それによって生じる損益は，すべて販売店（C 社）に帰属する。

代理店契約又は販売店契約では，国によっては代理店保護法制があり，いったん代理店契約を締結すると，簡単に契約を解除できないことがあるので注意が必要である。この場合の代理店には販売店も含まれる。

特に，代理店又は販売店が不利になるのは，契約の終了時である。今まで代理店又は販売店としてビジネスを行ってきた者にとって，急に契約を打ち切られることは，企業の存続に関わる重大事だからである。そのため，現地の法律が代理店又は販売店契約終了の際に，代理店保護措置を講じているケースがある。

具体的には，売主（本人，輸出者）からの一方的な契約の終了を制限し，契約の終了後には，代理店又は販売店が救済を受けることができるよう，代理店保護法は，種々の保護措置を講じている。

国によっては，代理店の保護を確実にするために，代理店又は販売店契約の一方的な破棄を認めず，他国の法律を準拠法とすることさえ禁止している場合もある。従って，海外との取引で代理店又は販売店契約を考える場合には，その国の代理店保護法を事前に十分に調査することが必要である。

代理店保護法が制定されている地域・国としては，EU，中近東，中南米地域の各国がある。EU では，代理店についての法律を域内各国で統一するために，EU 指令 86/653/EEC（1986 年 12 月 18 日）（COUNCIL Directive of 18 December 1986 on the coordination of the laws of the Member States relating to self-employed commercial agents）を制定しており，特に契約終了時の取決めに一定の制限をかけている。例えば，代理店は契約終了時に，利益機会の損

82　第8章　企業の海外進出

失とこれまでの投資額補填のための補償を売主（本人，輸出者）に請求でき
る。

　中国には，代理店保護法はないが，中国契約法97条により，代理店の利益
を保護する法律上の規定がある。すなわち，正当な理由なしに継続的な契約を
解除するときは，補償を請求される可能性が高い。なお，中国の法令について
は，JETROのHPに日本語訳があるので参照されたい。

3.　支店・子会社・工場設立

　ビジネスを本格的に海外で始めるには，現地に営業所や支店のような販売拠
点を置いたり，子会社等の現地法人を設立することが必要となってくる。ま
た，安価な労働力を求めて，海外に生産拠点（工場）を移すことも多い。一般
に，販売拠点を置くのは，先進国のような，大きな市場を持っている場所が多
く，一方で生産拠点を置くのは，現地の安価な労働力が確保できる新興国が多
いという傾向があるが，しかし一概にすべてそうとは言い切れず，自動車業界
のように，北米やヨーロッパのように，販売拠点と生産拠点とが同じ地域にあ
るというのも珍しくはない。

【事例8−2】

　A社は，東京に本社のあるAIロボットの製造・販売をしているAI企
業である。A社は，甲国にA社の子会社を設立し，乙国にA社の工場を
移転したいと考えている。

　子会社（subsidiary）とは，財務及び営業又は事業の方針を決定する機関
（株主総会その他）を他の会社（親会社）によって支配されている会社である。
ただし，親会社・子会社の定義は国により異なる。日本では，子会社かどうか
は，形式基準が排除され，実質基準で行う。

　一般にその会社（子会社）の株を50％以上持つ会社を親会社というが，こ
のような形式にとらわれず，他の企業の財務及び営業又は事業の方針を決定す
る機関（意思決定機関）を支配している企業を親会社という。すなわち，子会

社の保有する株式が 50% 未満であろうとも，親会社から派遣された役員が，子会社の意思決定に深く関わっているような場合は子会社とみなされる。

　また，子会社は，親会社とは独立した会計単位でビジネスを行い，基本的には，売上，支出，利益は別のものとして扱われ，現地での会社の設立登記が必要である。

　一方，支店は，日本の商法では「ある範囲において会社の営業活動の中心となり，本店から離れ独自に営業活動を決定し，対外的取引をなしえる人的物的組織のこと」をいう。子会社のような現地の設立登記は必要ではないが，商号，本店所在地，支店所在地等の支店の登記は必要である（営業所は，登記は不要だが，税務署への届出は必要）。また，支店は，会計は独立しておらず，この点は営業所と同じ扱いである。

　工場とは，製造業で，実際の製品を生産・製造したり，既成製品の機械関係の点検，整備，保守等のメンテナンスを行ったりする施設をいう。このような生産拠点の海外へのシフトは，国内産業の空洞化を招くことになり，製造業の抱える大きな課題となっている。特に，生産拠点を海外に移したため，国内の雇用が不安定になるケースも見られる。また，長年培ってきた「モノづくり」のノウハウが，海外に生産拠点を移すことにより，消滅する事態も想定される。

　しかし，それにもかかわらず，企業が生産拠点を海外に移すのは，現地の安価な労働力により，生産コストが低く抑えられることが第一に挙げられる。また，生産拠点と市場とが同じ地域にあれば，輸出入や運送にかかるコストも抑えられるためであり，総合的に見れば，生産拠点を海外に移した方が長期的にビジネスの拡大につながると企業が判断しているためでもある。

　ただし，生産拠点を海外に移すことにはリスクも多い。例えば，生産拠点が海外にあるため為替変動のリスク，現地人材の確保・育成・労働環境の整備，人件費の上昇，法制度や規制の相違，経済情勢の変化，政情不安，自然災害，物流や産業インフラの未整備，知的財産権の侵害等，リスクは広範囲である。

　過去に海外進出で失敗した企業も多く，現地のコンサルタントや弁護士を使って，事前の十分な調査と分析を行う必要がある。なお，海外進出に当たっては，JETRO の海外進出調査が参考になる。

4. 合弁企業（JV）

　合弁企業（Joint Venture：JV）とは，国家や複数の企業が，ある目的を達成するために出資を行って設立した企業である。特に，海外進出を計画する企業が，現地の企業と組んで合弁企業を設立するケースが多い。

　比較的小規模なものから大規模なものまであるが，一般に，国家や企業が新規分野に取り組む場合において，単一組織で実施すると様々なリスクを抱えることから，複数の組織が共同で取り組み，お互いの弱点を補うことでリスクの分散を図ると共に，事業の成功の確度を増すというメリットがある。

【事例 8－3】

> 　A 社は，東京に本社のある AI ロボットの製造・販売をしている AI 企業である。A 社は，甲国の B 社との間で，AI の合弁企業（JV）を設立したいと考えている。

　合弁事業を行うためには，出資した国や企業の間で，合弁契約書（Joint Venture Agreement）を締結する。合弁契約書には，出資者の出資比率（持ち株数，持ち株比率等），取締役会の構成，株式の譲渡制限，株主の競合避止義務，追加出資，保証義務，許認可，デッドロック条項，合弁解消方法等を記載する。

　デッドロック条項とは，合弁当事者の意思が一致しないため，会社の意思決定ができない膠着状態をいう。例えば，対等の出資比率（50％：50％）や，少数株主が拒否権を持っている場合に主に発生する。デッドロックが起きた場合には，合弁企業を解散・清算するか，あるいは一方の当事者へ譲渡するか等を規定しておく必要がある。

　海外企業との合弁事業で見落とされがちなのは，合弁事業を，日本が比較的長期のビジネス戦略によって考えるのに対し，海外の企業は，短期間での資金の回収を考えている場合が多く，合弁事業を行う際に，この考え方の差異が顕著になり合弁事業に支障をきたすことがある。そのため，合弁契約では本格的

な交渉に入る前に，相手方の考え方をよく確かめておくことが必要である。

　合弁事業の長所は，現地の企業のノウハウや人脈を活用できることであるが，短所としては，ノウハウ，技術，秘密情報の漏えいが懸念されることである。多くの失敗は，合弁事業の撤退戦略が不十分なために起きることが多く，事前に，撤退を含めた綿密なビジネス戦略を練っておくことが重要である。

　中国における海外進出の形態は，100％外資の外商独資企業と，中国資本が入った中外合弁企業に大別することができる。近年，中国では外資規制が緩和される傾向があり，100％外資の外商独資企業が増えてきている。しかし，外資の新規参入にあたっては，中外合弁企業の形態を強制される規制業種の場合には，必ず中外合弁企業としなければならないので注意が必要である。また，中国の場合，出資者間や合弁企業・出資者間で事業が競合する場合の独禁法上のリスクをも考慮しなければならない。

　中国独禁法上，合弁企業の場合は，出資者間や，出資者と合弁企業間の価格情報の交換や市場の分割等が，競合他社間での競争制限的行為に該当すると中国独禁当局から判断される可能性がある。また，中国の「外商投資産業指導目録」では，各産業の事業ごとに，制限産業・禁止産業を詳細に定めて，外国企業の参入に一定の制限を設けているので，これも検討しておかなければならない。

　いずれにせよ，合弁企業の設立にあたっては，専門アドバイザーや内外の専門の弁護士のアドバイスの協力を仰ぐ必要がある。

5.　フランチャイズ

　フランチャイズ（franchise：FC）は，主に流通や外食ビジネスでよく利用される事業形態である。すなわち，一方の企業（フランチャイザー，本部）が自己の商号・商標等を使用する権利，自己の開発した商品（サービスを含む）を提供する権利，営業上のノウハウ等（これらを総称して「フランチャイズパッケージ」という。）を他方の企業（フランチャイジー，加盟店）に提供し，これにより自己と同一のイメージ（ブランド）で営業を行わせ，他方の企業（フランチャイジー，加盟店）が，これに対して対価（ロイヤルティ）を支払

86　第8章　企業の海外進出

う契約によって成り立つ事業契約である。この契約を，フランチャイズ契約（FC 契約）という。

　世界初のフランチャイズ・ビジネスは，アメリカで生まれたケンタッキーフライドチキンだと言われている。日本では，1960 年代の不二家（レストラン及び洋菓子販売のチェーンストア）やダスキン（清掃用具のレンタルチェーンストア），1970 年代では，セブン-イレブン（コンビニエンスストア），モスバーガー等の外食産業があり，フランチャイジー（加盟店）は，フランチャイザー（本部）の商号・商標，営業上のノウハウ，ブランド等を利用することができるという利点がある。

　フランチャイズ・ビジネスの長所は，フランチャイザー（本部）にとっては，低コストでの事業拡大が可能であることである。すなわち，すでに土地や店舗を保有する状態で加盟店がフランチャイズ契約を締結するため，これら土地や店舗を取得するのにかかる時間や費用を大幅に短縮できる。そのため，事業を急速に拡大することができる。

　また，収入においても，安定的なロイヤルティが見込める。また，フランチャイジー（加盟店）にとっては，フランチャイズパッケージによって，フランチャイザー（本部）の商号・商標等の使用，フランチャイザー（本部）の開発した商品（サービスを含む），営業上のノウハウ，ブランド力を使用することができる。

　一方で，フランチャイザー（本部）にとっては，多数のフランチャイジー（加盟店）の管理を行うため，ややもすると，各フランチャイジー（加盟店）のサービスの質にばらつきが生じることがある。そのため，自己のブランドイメージが傷付けられるといったリスクがある。また，フランチャイジー（加盟店）は，フランチャイザー（本部）と直接資本関係のない事業者であるため，経営に問題があったとしても，フランチャイザー（本部）による強力な改善が難しい等，いくつか問題点もある。また，フランチャイジー（加盟店）にとっても，フランチャイズ契約により，経営の自由度が低く，独自のノウハウを活かした経営ができない等の欠点もある。

　このように，フランチャイズは，流通，外食産業，不動産販売，自動車整備，フィットネスクラブ，学習塾等のサービス業を中心に急速に普及した事業

形態であり，海外展開も比較的容易に行われている。

　日本では，フランチャイズを規制する法律は今のところないが，中小小売商業振興法等によって規制を受ける。中小小売商業振興法は，商店街の整備・店舗の集団化・共同店舗等の整備等を通じて，中小小売商業者の経営を近代化することで，中小小売商業の振興を図り，それにより，多様化する国民（消費者）のニーズに応えることを目的とした法律である（同法1条）。そのため，同法はフランチャイズ・ビジネスだけを規律することを目的としたものではないが，同法は中小小売商業の経営近代化を図る有効な手段として，連鎖化事業（チェーン事業）を位置づけている。

　この連鎖化事業の中にはフランチャイズ・システムも含まれ，フランチャイズ・システムを特に「特定連鎖化事業」（中小小売商業振興法11条）として，その運営の適正化を図っている。具体的には，フランチャイザー（特定連鎖化事業を行う者）は，そのフランチャイジー（加盟店）希望者に対して同法が定める重要事項について情報を開示し，説明することを義務づけている。この時，フランチャイザー（本部）からフランチャイジー（加盟店）に対して交付される書面が「法定開示書面」と呼ばれるものである。

　また，独占禁止法もフランチャイズ・ビジネスに一定の規制をかけている。すなわち，フランチャイズ・システムでは，フランチャイズ契約上，フランチャイジー（加盟店）はフランチャイザー（本部）から様々な拘束を受けるため，こうした拘束が独占禁止法に反しないかが問題となる場合がある。そのため，公正取引委員会は，「フランチャイズ・システムに関する独占禁止法上の考え方について」（フランチャイズガイドライン）を公表し基準を明確にした。

　アメリカでは，フランチャイズに対して最初に法規制を設けたのが，1970年のカリフォルニア州である。その後，複数の州が，フランチャイズに関しての法規制を設けた。また，1979年には，連邦取引委員会（U.S. Federal Trade Commission：FTC）（日本の公正取引委員会に相当する組織）が，販売に先がけてフランチャイズの内容の公開を義務付ける規則を設けている。

　このように，国ごとにフランチャイズ・ビジネスに対する規制が異なるので，国ごとの調査が必要である。

88 第 8 章 企業の海外進出

6. 合併・買収（M&A）

M&A（Merger and Acquisition）とは，企業の合併や買収の総称である。M&A の目的は企業によって様々であるが，大きく分けて，国際競争力をつけるため，国内市場競争力強化のため，破綻企業再生のため，の 3 つが挙げられるが，企業の海外進出のための海外の企業に対する M&A は，国内市場競争力強化に重点が置かれる。

特に，巨大企業同士の M&A は，世界的な市場に大きな影響を与えるため，各国とも競争法上の規制を受ける。日本では，会社の株式の保有，役員の兼任，会社以外の者の株式の保有又は会社の合併，共同新設分割若しくは吸収分割，共同株式移転若しくは事業譲受け等を「企業結合」といい，独占禁止法上の規制を受ける。

M&A については，次章で学習することにしよう。

練習問題

1. 外務省「海外進出企業実態調査」について調べてみよう。
2. JETRO の HP にアクセスして，代理店保護法が制定されている地域・国について調べてみよう。
3. JETRO の HP にアクセスして，JETRO の海外進出調査について調べてみよう。
4. JETRO の HP にアクセスして，JETRO の海外ビジネス情報（中国進出情報）について調べてみよう。
5. 公正取引委員会のフランチャイズガイドラインについて調べてみよう。

第9章

事業再編・M&A

◆学習のねらい‥‥‥‥‥‥‥‥‥‥‥‥‥‥‥‥‥‥‥‥‥‥‥‥‥‥

　事業再編とは，企業の組織を再編し，経営を合理化しようとする一連の手続きである。日本の会社法上は，組織再編と呼ばれ，会社の組織変更，事業の譲渡，合併・買収（M&A），会社分割，株式交換及び株式移転がこれにあたる。一方，合併・買収（M&A）とは，企業の合併や買収の総称である。

　この章では，海外進出の一つの方法である事業再編について学習しよう。

‥‥‥‥‥‥‥‥‥‥‥‥‥‥‥‥‥‥‥‥‥‥‥‥‥‥‥‥‥‥‥‥‥‥

1. 事業再編とは

　グローバル企業では，自社の国際競争力を強化し，市場占有率を上げる目的で海外の他社を吸収合併・買収することが行われる。また，将来のビジネスの展開のために，シナジー効果（相乗効果）が期待できる同業種の合併・買収（Merger and Acquisition：M&A）だけでなく，シナジー効果があまり期待できないような異業種の企業に対する合併・買収も行われる。

　なお，M&Aにおけるシナジー効果（相乗効果）とは，2つ以上の企業ないし事業が統合して運営される場合の企業価値が，それぞれの企業ないし事業を単独で運営するよりも大きくなる効果を指す。

　事業再編とは，一般に，経営の効率やリストラのために企業グループを再編することを指すが，日本の会社法では，組織再編と呼んでいる。組織再編には，組織変更，合併，買収，会社分割，株式交換及び株式移転がある。一方，

90 第9章 事業再編・M&A

M&A とは，その中でも，会社の合併や買収を意味し，業務提携，資本提携，分割，買収等の形態がある。

【事例9−1】

　　A 社は，東京に本社のある AI ロボットの製造・販売をしている AI 企業である。A 社は，営業本部の組織を，直販の営業部と間接販売のパートナー営業部の2つに分けることにした。

　【事例9−1】は，会社内部の組織の変更であり，広い意味での事業再編ではあるが，日本の会社法上の組織変更ではない。組織変更とは，例えば，合同会社が株式会社等の組織に変更されることをいう。

【事例9−2】

　　A 社は，東京に本社のある AI ロボットの製造・販売をしている AI 企業である。A 社は，B 社の AI 事業部を事業譲渡による買収を行うことにした。

　【事例9−2】は，A 社による B 社の AI 事業部の事業譲渡による買収の例である。すなわち，A 社は B 社の会社の一部の組織（AI 事業部）を買収し，B 社は A 社に会社の一部の組織（AI 事業部）を売却する。この場合，A 社の事業譲渡による買収は現金によるものであり，A 社と B 社の資本関係は変わらない。これに対し，合併とは，法定の手続きに従って，複数の法人その他の事業体が一つの法人その他の事業体になることをいう。

【事例9−3】

　　A 社は，東京に本社のある AI ロボットの製造・販売をしている AI 企業である。A 社は，B 社と合併することになった。

　合併には，買収する会社（買収会社）が売却する会社（売却会社）を吸収す

る方法と，新規に新しい会社を設立する方法の2種類がある。前者を「吸収合併」といい，後者を「新設合併」という。ただし，実際には，新設合併はほとんどなく，大半が吸収合併である。その理由は，新設合併では，合併する会社が新しい法人となるため，旧法人が受けていた認可等を再度申請する等，手続きが煩雑となり，コストがかさむためである。

【事例9−4】

　A社は，東京に本社のあるAIロボットの製造・販売をしているAI企業である。A社は，B社を吸収合併することになったが，A社は，社名をB社の商号に変更することにした。

　【事例9−4】では，A社が買収会社（存続会社）で，B社が売却会社（消滅会社）である。この場合，法人格はA社が存続し，B社は消滅することになる。しかし，B社の社名（商号）のブランド力がA社の社名よりも高い場合がある。このため，事業戦略的にB社の社名を使う方が有利だと判断される場合には，A社の社名をB社の社名に変更することがある。この場合には，登記を変更しなければならない。

　また，グローバル企業の海外の子会社等は，A社本社がB社本社を吸収合併する場合でも，税法その他の理由により，B社の子会社を存続会社としA社の子会社を消滅会社にする場合もある。このような場合，B社の子会社の社名をA社の子会社に変更し，あたかもA社がB社を吸収合併したかのように見せるようなケースもある。

【事例9−5】

　A社は，東京に本社のあるAIロボットの製造・販売をしているAI企業である。A社は，IoT事業部を切り離し，新しい会社であるB社を設立して，IoT事業を継続させることにした。

　会社分割とは，会社がその事業に関して有する権利義務の全部又は一部を，

他の会社に包括的に承継させる手法である。会社分割には，権利義務を既存の会社に引継がせる方法と，新しく設立する会社に引継がせる方法の2つの方法がある。前者を「吸収分割」といい，後者を「新設分割」という。

【事例9−5】は，B社という新設会社にIoT事業を引き継がせる新設分割の例である。一方，既存のB社にIoT事業を引き継がせる場合には，吸収分割となる。

会社分割を行う理由としては，新規事業を立ち上げるに際し，既存事業と異なる経営方針を採用するため独立した経営体制が必要なためや，不採算事業を会社本体から切り離して，会社本体の財務体質を改善すると同時に，不採算事業を新しい経営体制で立て直したいため，若しくは会社の肥大化を防ぐため等，その目的は企業にとって様々である。

なお，会社分割には，「人的分割」と「物的分割」がある。人的分割とは，会社分割を行う際に，事業を承継する会社は，承継する事業の対価として株式を発行する。その新たに分離する会社が発行する株式を，株主に割り当てる方法である。すなわち，【事例9−5】の例では，B社（事業を引き継いだ会社）が，その対価をA社（分割した会社）の株主に支払う方法である。一方，物的分割とは，B社がA社にその対価を支払う方法である。

人的分割では，A社とB社の間には資本関係は発生しないが，物的分割の場合，B社がA社の株式を保有することになるので資本関係が生じる。これにより，B社がA社の親会社になるということも考えられる。なお，旧商法では，分割の対価を分割会社に交付する物的分割と，分割会社の株主に交付する人的分割に分けていたが，会社法（平成18年5月施行）では，人的分割が廃止され，物的分割に一本化された。しかし，いったん物的分割を分割会社に交付した後，剰余金の配当等を分割会社の株主に交付することで，人的分割と同様の効果を得ることができる。

一見すると，会社分割は事業譲渡と同様なもののように見える。しかし，会社分割は会社法上の組織再編であるため法人格が移動するが，事業譲渡は，法人格の移動はなく，あくまでも現金による商取引である点で異なる。そのため，事業譲渡は，多額の現金が必要となる場合が多い。

1. 事業再編とは　93

【事例 9−6】

> A 社は，東京に本社のある AI ロボットの製造・販売をしている AI 企業である。A 社は，B 社を株式交換により買収することとした。

【事例 9−6】は，株式交換による M&A の事例である。株式交換とは，ある株式会社が，対象会社を 100％子会社にするための企業再編手法の一つである。具体的には，子会社となる会社の株主に対して，その保有している株式を親会社となる会社株式に交換する。

【事例 9−6】では，A 社が B 社を 100％子会社にするために，B 社の株式を A 社の株式に交換することで B 社を買収しようとするものである。株式交換により 100％親会社となる会社を完全親会社，100％子会社となる会社を完全子会社という。なお，実際には，A 社と B 社の株式の価値は対等でないため，その株式交換比率が問題となる。

例えば，A 社の株式を 1 とした場合，B 社の株式を 0.8 とするような方法で決められる。すなわち，完全子会社となる予定の会社の株主は，株式交換契約によって決められた株式交換比率によって，完全親会社の株式を割り当てられる。

この方法は，対象会社を 100％子会社化するだけでなく，親会社同士の合併でも行われる。この方法によれば，対象会社を合併するための多額の現金は必要ない。

【事例 9−7】

> A 社は，東京に本社のある AI ロボットの製造・販売をしている AI 企業である。A 社は，B 社と株式移転により新たに会社（C 社）を設立し，A 社と B 社は，その新設会社 C 社の傘下の下で，同じ企業グループとして運営していくこととした。

【事例 9−7】は，株式移転の例である。株式移転とは，新たに親会社となる会社を設立し，その新設された親会社に再編される会社の全株式を移転させる

手法である。すなわち，1又は2以上の株式会社がその発行済株式の全部を，新たに設立する株式会社に取得させ，その結果として新設の株式会社が設立され，従来の株式会社は新設会社の完全子会社（100%子会社）となる方法をいう。

　例えばA社の株式すべてを，新設のC社に移転させ，B社も同様にC社に移転させ，C社を親会社とするものである。こうすることにより，A社とB社はC社を親会社とした子会社になる。このような株式移転の方法は，C社を持分会社とすることでも用いられる。

2. 事業再編の方法

　事業再編，特に他者を買収するM&Aの場合には，いくつかのプロセスを踏んで実行に移していくのが一般的である。企業にとって，大掛かりなM&Aには大きなリスクが伴う。実際にM&Aの成功例は，約30%と少なく，多くのM&Aは，多大な労力とコストをかけた割には，さほど大きな効果が出なかったという例も少なくない。このように，M&Aには大きなリスクが伴うことから，その実行に関するプロセスは慎重に検討しなければならない。

　M&Aの基本的な実行プロセスは，①M&A戦略の策定・立案，②対象企業選定，③M&A提案の実施，④デューディリジェンス（due diligence），⑤対象企業との最終交渉，⑥買収契約書の締結，⑦クロージング，というフェーズに分けられる。以下，フェーズごとに見てみよう。

① M&A戦略の策定・立案

　第1フェーズのM&A戦略の策定・立案では，何のためにM&Aを行うのかというビジネス戦略的な立場からの基本的な検討から始まる。具体的には，①既存事業を基本に，その範囲を拡大し更なる成長につないでいくという事業領域拡大のため，②新たなビジネス分野に進出する際，リスクや時間を軽減し確実に進出していくという新規事業分野への効率的な進出のため，③自社独力で成長する以上のスピードを得て更なる成長につないでいくという成長スピードの加速のため，等がある。特に③の成長スピードの加速は，カネで時間を買うという意味合いが強い。

また，M&A 戦略の策定・立案の段階では，M&A の目的のためには，どのような M&A の手法をとるのかも検討しなければならない。さらに，M&A を行った場合，どのような効果・メリットがあるかどうかを科学的なデータを基に十分にシミュレーションする必要がある。時間的要因，ビジネス環境の変化等いくつもの不確定要素があるので，これらをパラメータとし，最善の場合と最悪の場合等，いくつもの場合を想定した検討が必要である。特に，M&A 後の財務インパクトのシミュレーションは不可欠である。

② 対象企業選定

第2フェーズの対象企業選定では，どの会社を買収の対象企業として選定するかという検討が行われる。これには，多くの情報が必要なことから，外部のコンサルタント会社を使うことが多い。対象企業は，複数の候補をリストアップし，第1候補，第2候補と優先順位を決める。

③ M&A 提案の実施

対象企業が決まったら，第3フェーズとして，対象企業に対して M&A の提案を行う。最初は，第三者，例えば銀行や証券会社，コンサルタント等が水面下で交渉を開始し，対象企業に対して打診を行うことが多い。この場合，対象企業が友好的に受け止めてくれるか，逆に M&A に反対であるかを見極めなければならない。

この段階で，対象企業では，取締役会を開き，M&A に賛成であるか反対であるかを決定し，M&A に対する態度を決めることになる。もし，対象企業が反対しているにもかかわらず対象企業を買収しようとすると，対象企業からすれば敵対的買収であるとして，買収防衛策が実施されるかもしれない。買収防衛策については，後述する。

反対に，対象企業が M&A に賛成である場合，基本合意書（MOU）の作成は必須のものではないが，この段階で基本合意書（MOU）を締結することが多い。これは，M&A の基本的な条件が法的拘束力を有しない形で規定されるものである。

④ デューディリジェンス

対象企業が M&A について賛成である場合，次のフェーズとしてデューディリジェンス（due diligence）を実施する。デューディリジェンスとは，ある

行為者の行為結果責任をその行為者が法的に負うべきか負うべきでないかを決定する際に，その行為者がその行為に先んじて払ってしかるべき正当な注意義務及び努力のことであるが，M&Aの場合には，対象企業に対する具体的かつ詳細な調査を意味する。

一般に，企業の情報は，公開情報以外は秘密として扱われる。このため公開情報だけでは，十分な調査を行うことが難しい。そこで，買収会社は，対象企業と秘密保持契約（NDA）を締結し，対象企業の秘密情報をも入手し，十分な調査が行えるようにする。

このデューディリジェンスで重要なのが，簿外債務をどこまで調査できるかである。簿外債務とは，貸借対照表等の会計帳簿に計上されていない債務のことであり，債務の保証，貸倒引当金や係争中の訴訟による賠償義務等の偶発債務がその典型的な例である。また，会社の信用や業績をよく見せかけるために，意図的に損失を隠し，それが簿外債務として存在することもある。このため，M&Aの大きなリスクの一つが，デューディリジェンスの成否であると言っても過言ではない。

⑤ **対象企業との最終交渉**

デューディリジェンスが無事に終わったあとのフェーズが，対象企業との最終交渉である。特に重要なのが，取引条件の交渉である。例えば，交渉ポイントの整理・交渉戦術の立案，DCF（Discounted Cash Flow）等を使っての企業価値の評価，買収価格の決定，株式交換比率，基本合意書及び最終買収契約書の作成，取締役会等への説明等がある。このように，この段階では，最終的な買収契約締結のために詳細な詰めを行う。

⑥ **買収契約書の締結・クロージング**

その後，買収契約書の締結となり，クロージングへと進む。ただし，ポストディール（post deal）として，M&A終了後も，その後の成果に対してもモニタリングを行う必要がある。

なお，M&A等の組織再編は，会社にとって特別な意思決定であるので，その決定は，基本的に，株主総会の特別決議を要する。ただし，会社の規模によっては，例外的に特別決議が不要となる場合もある。この場合，M&Aに反対の株主がいた場合には，これらの株主は，会社に対して株式を適正な価格で

買い取ってもらう権利（株式買取請求権）がある。

　また，会社がM&A等の組織再編を行う場合には，会社の債権者にこの旨を伝える必要がある。もし，債権者が組織再編に異議を唱えた場合には，債権者保護として，会社がその債務を弁済するか，又は担保を提供しなければならない。

　M&Aの一つの形態としてマネジメント・バイアウト（経営陣買収）（Management Buy Out：MBO）がある。MBOとは，会社経営陣が株主から自社株式を譲り受けたり，事業部門統括者が当該事業部門を事業譲渡されたりすることで，オーナー経営者として独立する行為である。

　MBOは，経営陣による買収，他者による買収への対抗策，雇われ社長として経営参画した者が会社を自己所有化する場合等，多様な場面で用いられる。一方，MBOで問題となるのが，これに反対する少数株主の保護である。会社は，少数株主の保護として，これら少数株主の株式を適正な価格で買取ることができるが，この適正な価格の算定が問題となることがある。

3. 友好的買収と敵対的買収

　友好的買収（Friendly Takeover）とは，買収される側の会社の経営陣の同意の下に進められる買収行為である。典型的な例が，第三者割当増資である。第三者割当増資とは，株主であるか否かを問わず，特定の第三者に新株を引き受ける権利を与えて行う増資のことである。すなわち，買収の対象企業（売却企業）が，新たに株式を発行し，買収企業に引き受けてもらうことにより買収が行われる。

　一方，敵対的買収（Hostile Takeover）とは，買収の対象企業の取締役や親会社の事前の同意を得ずして，買収の対象企業の株主から株式を買い集めて買収の対象企業を買収することをいう。実際には，対象企業の株式の3分の1，若しくは過半数の取得を目標に買収活動を行う。何故なら，3分の1の株式を保有することで株主総会の特別決議を拒否できるし，過半数を取得することで子会社化し，経営への支配力を握れるからである。

　しかし，3分の1以上の株式を保有する場合，原則として，株式公開買い付

け（Takeover Bid：TOB）によらなければならない。そのため，買収側の企業は，新聞等で，企業の株式の買収を事前に公表し，大々的に株式の買取りを公募することになる。

　株式公開買い付け（TOB）とは，ある株式会社の株式等の買付けを，「買付け期間・買取り株数・価格」を公告し，不特定多数の株主から株式市場外で株式等を買い集める制度のことである。

【事例 9－8】

> 　A 社は，東京に本社のある AI ロボットの製造・販売をしている AI 企業である。A 社は，B 社の支配権を奪うつもりで，B 社の株を TOB で買い付けることにした。

　【事例 9－8】は，TOB による M&A の事例である。敵対的買収の場合，買収の対象会社の取締役会による同意が得られず，買収提案に反対の意見が表明される。それでも買収しようとする企業が TOB 等により買収を画策する場合には，買収防衛策の導入が図られたり，株主に対し会社経営陣として買収提案に応じないよう働きかけが行われたりする。このため，買収の成否をめぐって買収しようとする企業と買収される企業の経営陣の間で，激しい闘争がなされることがある。

　敵対的買収に対する代表的な防衛策としては，以下のようなものがある。

① ポイズンピル（毒薬条項）

　新株予約権を予め発行しておき，一定の条件が満たされると廉価でそれを行使可能にさせ，株式の希釈化によって買収する側の持ち株比率を下げる仕組みである。一般に，新株予約権付株式の発行を用いて行われる。

　すなわち，既存の株主にあらかじめ新株予約権を発行しておくことで買収を食い止める方法である。企業が敵対的買収者に自社の株式の一定数を奪われてしまった場合，あらかじめ定款に定められたポイズンピル（毒薬条項）に基づいて新株が発行され，買収しようとする企業の TOB に対抗するものである。

② ホワイトナイト（白馬の騎士）

　敵対的買収を受ける側の企業にとって友好的な第三者（企業又は人）のこと

を指す。すなわち，友好的な白馬の騎士（ホワイトナイト）に買収されることによって，敵対的買収者から身を守るという意味合いである。買収される企業の経営陣が，ホワイトナイトに買収された後も経営に残ることができる等の有利な条件を持ち込む場合が多い。買収する企業に対して逆買収をかける（パックマン・ディフェンス）場合もある。反対に敵対的買収を仕掛ける企業を，ブラック・ナイトと称することもある。

③ ゴールデン・パラシュート（黄金の落下傘）

　敵対的買収後は，一般に，現在の取締役が解任されることが多いが，その取締役の退職慰労金の額を高額に設定しておくことにより，買収をしにくくさせることをいう。すなわち，これにより買収後の出費が多いことから，買収を思いとどまらせるものである。

　退職慰労金の額の目安は取締役の年収の約2〜3年分ぐらいであるが，高額な場合には投資家からの批判に晒されることがある。ただし，買収を思いとどまらせるほどに高額な退職慰労金は背任となる可能性があり，現実的には活用が困難である。

④ ティン・パラシュート（ブリキの落下傘）

　敵対的買収の後は，人員整理等で従業員が解雇されることが多いが，そのため，従業員の退職金の額を非常に高く設定しておく。それにより買収したとしても後の出費が多いということを見せつけて，買収を思いとどまらせるやり方である。

⑤ 絶対多数条項（スーパーマジョリティ）

　絶対多数条項とは，株主総会での決議に必要な要件を定款によってあらかじめ厳しくしておくことによって容易に買収されない方法である。買収者が，支配することを目的として株式を買い集めたとしても，実際には株主総会を開催し，現経営陣から経営権を奪うとか，合併を決議するといった手続きが必要となる。

　例えば，買収した後，取締役解任等の特別決議の可決資本割合を80％や90％のように上げておき，簡単に可決できないようにするやり方である。

　これ以外にも，敵対的買収の防衛策として，スタッガードボード，黄金株等，いくつもの防衛策があり，敵対的買収に対抗することができる。

企業買収で，時々登場するのが投資ファンド（Investment fund）である。投資ファンドとは，複数の投資家から集めた資金を用いて投資を行い，得た利益を投資家に分配する仕組みをいう。投資ファンドの実際の投資はファンド・マネージャーと一般に呼ばれる投資の責任者が担当する。このファンド・マネージャーが，投資ファンドの巨額の資金を用いて，企業を買収することがある。

中には，業績の悪化した企業の株式や債券を安値で買い叩き，破綻前後の整理手続きや校正手続きの中で会社の支配権を獲得し，企業の再生と見せかけて，これらの株式や債券を高値で売り抜いて巨額の富を得るファンドもある。これをハゲタカファンド（Vulture fund）と呼ぶことがある。

4. 競争法上の規制

M&A では，買収企業と売却企業との間で締結される契約（基本合意，最終契約）だけでなく，情報開示（法定開示，適時開示），労働契約，独占禁止法等，各種の法規制の制約を受ける。中でも，大型の M&A の場合，独占禁止法による届出事由に該当しないかに注意する必要がある。これについては，次章の「競争法」で解説することにする。

練習問題

1. ホールディングス制を採用している企業グループにはどのようなものがあるか調べてみよう。
2. 過去に設立された JV にはどのようなものがあるか調べてみよう。
3. イラン・ジャパン石油化学（IJPC）について調べてみよう。
4. バイエルのモンサントの買収について調べてみよう。
5. パナソニックの三洋の買収について調べてみよう。
6. ライブドア事件について調べてみよう。
7. ブルドックソース事件について調べてみよう。

101

第 **10** 章

競争法

◆学習のねらい‥‥‥‥‥‥‥‥‥‥‥‥‥‥‥‥‥‥‥‥‥‥‥‥‥‥‥‥‥

　グローバル企業にとって，市場における公正で自由な競争の実現を目指す独占禁止法に代表される競争法（competition law）は，きわめて重要な法律である。近時，経済のグローバル化，市場経済化の流れを受けて，世界各国・地域でその整備が進んでいる。

　本章では，独占禁止法，反トラスト法，EU の機能条約を中心に，競争法を学習しよう。

‥‥‥‥‥‥‥‥‥‥‥‥‥‥‥‥‥‥‥‥‥‥‥‥‥‥‥‥‥‥‥‥‥‥‥‥‥

1．独占禁止法

　競争法とは，日本の独占禁止法のように，市場における公正で自由な競争の実現を目指す法律一般を指す。すなわち，資本主義の市場経済において，健全で公正な競争状態を維持するために，独占的，協調的，あるいは競争方法として不公正な行動を防ぐことを目的とする法令の総称ないし法分野のことをいう。

　また，競争法と類似した用語に経済法というものがあるが，経済法は，国民経済の立場から，国家が市場経済へ積極的に介入したり個別的な経済過程を規制するための法律の総称である。日本では，一般的に，独占禁止法に代表される競争法を経済法の中心とし，その他の各種業法等の経済規制法も含めて解釈されることが一般的である。

102　第 10 章　競争法

　日本の独占禁止法の正式名称は「私的独占の禁止及び公正取引の確保に関する法律」という。略して，独占禁止法，独禁法等とも呼ばれている。独占禁止法の目的は，私的独占，不当な取引制限及び不公正な取引方法を禁止し，事業支配力の過度の集中を防止して，結合，協定等の方法による生産，販売，価格，技術等の不当な制限その他一切の事業活動の不当な拘束を排除することである。具体的には，①私的独占，②不当な取引制限，③不公正な取引方法，の3つを規制している。これを独占禁止法の3本の柱という。

　私的独占とは，一事業者があらゆる手段を講じて経済力を集中し，市場に対する優位を持ち，その優位性を駆使して他の事業者の事業活動を支配又は妨害する等して，その市場の支配を行う行為のことをいう。例えば，A社が，市場の90％以上を占めているような場合である。

【事例 10−1】

　A社は，東京に本社のある AI ロボットの製造・販売をしている AI 企業である。A社は，AI ロボット市場の90％を占めており独占状態にある。そのため，A社は，AI ロボットの新製品を，不当な高額で販売することに決めた。

　【事例 10−1】の場合，A社が市場を独占しているため，公正・公平な自由競争が阻害され，不当に価格が吊り上げられ，その結果，消費者の利益を損ない，経済の非効率化，ひいては国民経済の健全な発展を阻害するおそれが生じる。

　不当な取引制限とは，事業者が，契約，協定その他何らの名義をもってするかを問わず，他の事業者と共同して対価を決定し，維持し，若しくは引き上げ，又は数量，技術，製品，設備若しくは取引の相手方を制限する等，相互にその事業活動を拘束し，又は遂行することにより，公共の利益に反して，一定の取引分野における競争を実質的に制限することをいう。

1. 独占禁止法　　103

【事例 10−2】

A社は，東京に本社のある AI ロボットの製造・販売をしている AI 企業である。A社は，同業他社である B社，C社，D社，E社とカルテルを結び，これら5社が話し合って，同様又は類似の AI ロボットの統一の市場価格を決めた。

一般にカルテル（Kartell）と呼ばれるもので，企業同士がお互いの利益を守るために協議して，販売価格，生産数量，販売地域分割，操業短縮，設備投資制限，過剰設備廃棄，在庫凍結等の協定を結ぶことである。特に，官公庁等が行う売買・請負契約等の入札制度における事前協定は談合という。

不公正な取引方法とは，独占禁止法2条9項に定義される概念と，同項6号に基づく公正取引委員会告示の一つ（一般指定）をいう。一般指定は，公正取引委員会が，「不公正な取引方法」と題する告示（昭和57年6月18日公正取引委員会告示第15号）の中で列挙されている15項目である。なお，これは，平成21年に改正されている（平成21年10月28日公正取引委員会告示第18号）。

具体的には，①共同の取引拒絶，②その他の取引拒絶，③差別対価，④取引条件等の差別取扱い，⑤事業者団体における差別取扱い等，⑥不当廉売，⑦不当高価購入，⑧ぎまん的顧客取引，⑨不当な利益による顧客誘引，⑩抱き合わせ販売等，⑪排他条件付取引，⑫拘束条件付取引，⑬取引の相手方の役員選任への不当干渉，⑭競争者に対する取引妨害，⑮競争会社に対する内部干渉，の15項目である。

また，一般指定の他に，特殊指定というのもある。これは，公正取引委員会（公取委）が特定の事業分野における不公正な取引方法を具体的に指定して規制する制度である。例えば，新聞，物流，大規模小売業の3分野で指定されている。以下，一般指定の内容を見てみよう。

① 共同の取引拒絶

共同の取引拒絶とは，正当な理由がないのに，自己と競争関係にある他の事業者（競争者）と共同して，①ある事業者から商品若しくは役務の供給を受け

ることを拒絶し，又は供給を受ける商品若しくは役務の数量若しくは内容を制限すること，又は②他の事業者に，ある事業者から商品若しくは役務の供給を受けることを拒絶させ，又は供給を受ける商品若しくは役務の数量若しくは内容を制限させること，のいずれかに掲げる行為をすることをいう。

② その他の取引拒絶

その他の取引拒絶とは，不当に，ある事業者に対し取引を拒絶し若しくは取引に係る商品若しくは役務の数量若しくは内容を制限し，又は他の事業者にこれらに該当する行為をさせることをいう。

③ 差別対価

差別対価とは，独占禁止法2条9項2号に該当する行為のほか，不当に，地域又は相手方により差別的な対価をもって，商品若しくは役務を供給し，又はこれらの供給を受けることをいう。

【事例 10−3】

A社は，東京に本社のある AI ロボットの製造・販売をしている AI 企業である。A社は，甲地区をテリトリーとする販売店 B だけに，不当に高く AI ロボットを供給することにした（不当差別）。

④ 取引条件等の差別取扱い

取引条件等の差別取扱いとは，不当に，ある事業者に対し取引の条件又は実施について有利又は不利な取扱いをすることである。

⑤ 事業者団体における差別取扱い等

事業者団体における差別取扱い等とは，事業者団体若しくは共同行為からある事業者を不当に排斥し，又は事業者団体の内部若しくは共同行為においてある事業者を不当に差別的に取り扱い，その事業者の事業活動を困難にさせることをいう。

⑥ 不当廉売

不当廉売とは，独占禁止法2条9項3号に該当する行為のほか，正当な理由がないのに，商品又は役務をその供給に要する費用を著しく下回る対価で継続して供給することであって，他の事業者の事業活動を困難にさせるおそれがあ

るものをいう。

⑦ 不当高価購入

不当高価購入とは，不当に商品又は役務を高い対価で購入し，他の事業者の事業活動を困難にさせるおそれがあることをいう。

⑧ ぎまん的顧客取引

ぎまん的顧客取引とは，自己の供給する商品又は役務の内容又は取引条件その他これらの取引に関する事項について，実際のもの又は競争者に係るものよりも著しく優良又は有利であると顧客に誤認させることにより，競争者の顧客を自己と取引するように不当に誘引することをいう。

⑨ 不当な利益による顧客誘引

不当な利益による顧客誘引とは，正常な商慣習に照らして不当な利益をもって，競争者の顧客を自己と取引するように誘引することをいう。

⑩ 抱き合わせ販売等

抱き合わせ販売等とは，相手方に対し，不当に，商品又は役務の供給に併せて他の商品又は役務を自己又は自己の指定する事業者から購入させ，その他自己又は自己の指定する事業者と取引するように強制することをいう。

【事例 10－4】

A 社は，東京に本社のある AI ロボットの製造・販売をしている AI 企業である。A 社は，AI ロボットを販売するにあたり，不人気商品である時代遅れのスマホとセット販売することに決めた。AI ロボットは，このスマホと一緒でないと購入できないこととなった（抱き合わせ販売等）。

⑪ 排他条件付取引

排他条件付取引とは，不当に，相手方競争者と取引しないことを条件として当該相手方と取引し，競争者の取引の機会を減少させるおそれがあることをいう。

⑫ 拘束条件付取引

拘束条件付取引とは，独占禁止法 2 条 9 項 4 号に該当する行為及び排他的条

106　第10章　競争法

件付取引のほか，相手方とその取引の相手方との取引その他相手方の事業活動を不当に拘束する条件をつけて，当該相手方と取引することをいう。

⑬ **取引の相手方の役員選任への不当干渉**

取引の相手方の役員選任への不当干渉とは，自己の取引上の地位が相手方に優越していることを利用して，正常な商慣習に照らして不当に，取引の相手方である会社に対し，当該会社の役員の選任についてあらかじめ自己の指示に従わせ，又は自己の承認を受けさせることをいう。

⑭ **競争者に対する取引妨害**

競争者に対する取引妨害とは，自己又は自己が株主若しくは役員である会社と国内において競争関係にある他の事業者とその取引の相手方との取引について，契約の成立の阻止，契約の不履行の誘引その他いかなる方法をもってするかを問わず，その取引を不当に妨害することをいう。

⑮ **競争会社に対する内部干渉**

競争会社に対する内部干渉とは，自己又は自己が株主若しくは役員である会社と国内において競争関係にある会社の株主又は役員に対し，株主権の行使，株式の譲渡，秘密の漏えいその他いかなる方法をもってするかを問わず，その会社の不利益となる行為をするように，不当に誘引し，そそのかし，又は強制することをいう。

なお，上記の一般指定の中には入っていないが，独占禁止法2条9項4号に規定する再販売価格の拘束，及び独占禁止法2条9項5号に規定する優越的地位の濫用は，競争法上，非常に重要な法理である。

⑯ **再販売価格の拘束**

再販売価格の拘束とは，商品の生産者又は供給者が卸・小売業者に販売価格を指示し，それを遵守させる行為をいう。すなわち，メーカーが指定した価格で販売しない小売業者等に対して，卸価格を高くしたり，出荷を停止したりして，小売業者等に指定した価格を守らせることをいう。ただし，書籍，雑誌，新聞，音楽CD等の著作物に関しては，例外となっている。

2. 課徴金制度　107

【事例 10−5】

> A 社は，東京に本社のある AI ロボットの製造・販売をしている AI 企業である。A 社は，AI ロボットのビジネスパートナー（販売店）である B 社に，AI ロボットの再販売価格の維持を義務付けた（再販売価格の拘束）。

⑰ **優越的地位の濫用**

　優越的地位の濫用とは，自己の取引上の地位が相手方に優越していることを利用して，正常な商慣習に照らして不当に，継続して取引する相手方等に対して，当該取引に係る商品又は役務以外の商品又は役務を購入させること等をする行為をいう。

【事例 10−6】

> A 社は，東京に本社のある AI ロボットの製造・販売をしている AI 企業である。優越的地位にある A 社は，AI ロボットの部品の下請メーカーに，売れ残った AI ロボットをそれぞれ 100 台ずつ購入することを義務付けた（優越的地位の濫用）。

2. 課徴金制度

　課徴金とは，カルテルや入札談合等の違反行為防止という行政目的を達成するため，行政庁が違反事業者等に対して課す金銭的不利益のことをいう。公正取引委員会は，事業者又は事業者団体が課徴金の対象となる独占禁止法違反行為を行っていた場合，当該違反事業者等に対して，課徴金を国庫に納付することを命ずることができる。これを，課徴金納付命令という。

　公正取引委員会とは，内閣府の外局として，内閣総理大臣の所轄の下に設置される合議制の行政委員会であり，自由主義経済において重要とされる競争政策を担っている。すなわち，「公正且つ自由な競争を促進し，事業者の創意を

108　第10章　競争法

発揮させ，事業活動を盛んにし，雇傭及び国民実所得の水準を高め，以て，一般消費者の利益を確保するとともに，国民経済の民主的で健全な発達を促進することを任務とする組織」であり，一般に，公取委又は公取と呼ばれている。

　課徴金算定率は，製造業，小売業，卸売業等の業界ごとに異なる。また，企業の規模によって異なり，さらに違反行為の種類ごとに異なる。例えば，カルテルや入札談合のような不当な取引制限の場合には，製造業で10%，小売業で3%，卸売業で2%である。これが中小企業になると，製造業で4%，小売業で1.2%，卸売業で1%と低くなる。

　また，早期に違反行為を止めた場合には，基準の算定率を20%軽減して計算した額が課徴金額となったり，違反行為を繰り返した場合は，違反行為において主導的な役割を果たした場合には，それぞれ基準の算定率を50%加算して計算した額が課徴金額となる。このように，カルテルや入札談合等の不当な取引制限に対する課徴金算定率については，加減算要素が規定されている。

　課徴金減免制度とは，事業者が自ら関与したカルテルや談合等の不当な取引制限について，公正取引委員会に対して自主的に申告した場合に，違反行為に対する課徴金が免除又は減額される制度である。なお，課徴金減免制度をリニエンシー（leniency）制度と呼ぶこともある。

　課徴金減免制度では，公正取引委員会が調査を開始する前に他の事業者よりも早期に報告すれば，課徴金の減額率が大きくなる仕組みとなっており，公正取引委員会の調査開始日前と調査開始日以後とで併わせて最大5社（ただし調査開始日以後は最大3社）に適用される。事業者自らがその違反内容を報告し，更に資料を提出することにより，カルテル又は入札談合の発見，解明を容易化して，競争秩序を早期に回復することを目的としている。

　具体的には，調査開始前であれば，第1報告者は100%の減免を受けることができる。その後，第2報告者は50%，第3報告者は30%の減免となる。調査開始日以降であれば，30%の減免となるが，最大5社までの適用となる。

　独占禁止法は，企業の合併についても規定しており，公正取引委員会に届出が必要である。具体的には，合併の当事会社の中に，国内売上高合計額200億円超の会社が最低1社と，国内売上高合計額50億円超の会社が最低1社ある場合に，事前の届出が必要となる。

また，3社以上で合併する際，合併の当事会社の中に，国内売上高合計額200億円超の会社が最低1社と，国内売上高合計額50億円超の会社が最低1社ある場合は，届出が必要である。この場合，合併当事会社の中に国内売上高合計額50億円以下の会社があっても，合併当事会社全社による届出は必要である。

3. 反トラスト法

日本の独占禁止法に類似する競争法として，アメリカには，反トラスト法（アンチトラスト法）（Antitrust Law）がある。反トラスト法は，カルテル，トラスト（企業形態），コンツェルン等の独占活動を規制するものである。なお，反トラスト法は，単一の法律ではなく，1890年のシャーマン法（Sherman Antitrust Act），1914年のクレイトン法（Clayton Antitrust Act），同年の連邦取引委員会法（Federal Trade Commission Act）の3つの法律からなる。

シャーマン法とは，取引を制限するすべての契約，結合，共謀等，不当な取引制限を禁ずる第1条と，独占化，独占の企て，及び独占のための共謀等の不当な独占を禁ずる第2条で構成されている。

クレイトン法は，シャーマン法が，抽象的な内容であったため，これを具体化するために制定されたものである。特に，価格差別，抱き合わせ販売，排他取引等を禁止し，企業結合を制限している。その後，クレイトン法は，幾多の改正を経て現在に至っており，反トラスト法違反行為に関する私人による民事訴訟に関する規定を整備し，原告が実損の3倍額の賠償と弁護士費用を請求することを認めた。

価格差別については，クレイトン法2条でこれを禁止している。例えば，メーカーが，販売店Aには50ドルで販売し，販売店Bには60ドルで販売するというような行為である。これは，1936年のクレイトン法改正によって追加されたもので，この部分を特にロビンソン・パットマン法（Robinson-Patman Act）という。

会社の合併に関しては，クレイトン法7条は，合併やそれ以外の株式等の取得による企業の買収が市場の競争を制限するような場合には，これを禁止して

いる。例えば，競合品を供給している企業同士が合併すると，市場の占有率が高くなるが，このような行為により市場の競争が制限される場合は，違反となる。なお，同条に違反する合併に対しては，司法省や連邦取引委員会が合併を差止めたり，合併後の会社の分割を求めることができる。また，私人によるこのような請求も可能である。

連邦取引委員会法は，反トラスト法の執行機関として，司法省に加えて連邦取引委員会を設立すると同時に，不公正な競争方法を禁じている。

なお，アメリカの反トラスト法は，域外適用があるので，グローバル企業にとっては注意が必要である。アメリカの反トラスト法が域外適用されるようになった背景には，企業活動が国際化し，効果的な規制を行うため外国での活動も対象にするようになったという事情がある。アメリカは反トラスト法だけでなく，輸出管理法等でも，法律一般の属地主義原則をこえて域外適用している。

最近は，日本でも，2017年に，海外で行われた価格カルテルに対し，日本の公正取引委員会が独禁法を適用して課徴金納付を命じることができるかが争われたが，この訴訟の上告審で，最高裁は日本の独禁法適用を認める判決を出している。

4．EU 機能条約

EU の競争法に関しては，「欧州連合の機能に関する条約」（Treaty on the Functioning of European Union）101条に，「競争制限的協定・協調的行為の規制」，同条約102条に「市場支配的地位の濫用行為の規制」がある，また，EU 機能条約のほか，EU 理事会規則 139/2004 号に「企業結合規制」がある。この他，EU 加盟国政府による競争歪曲的政策を禁止するものとして，同条約107条に「特定の企業・商品に対する競争歪曲的補助の禁止」（国家補助規制）がある。

EU 機能条約第101条では，事業者間の協定，事業者団体の決定及び協調的行為であって，加盟国間の取引に影響を与えるおそれがあり，かつ域内市場の競争の機能を妨害・制限・歪曲する目的を有し，又はこのような結果をもたら

すものを禁止している。この禁止規定は，競争事業者間の協定（水平的協定）のみならず，メーカーと販売業者間の協定（垂直的協定）にも適用される。

禁止される協定の例としては，①価格協定，②生産，販売，技術開発又は投資に関する制限又は規制，③市場又は供給源の割当て，④取引の相手方を競争上不利にする差別的取扱い，⑤抱き合わせ契約，がある。

EU 機能条約第 102 条では，EU 域内市場における支配的地位を濫用する事業者の行為は，それによって加盟国間の取引が悪影響を受けるおそれがある場合には，これを禁止している。この濫用行為の例として，①不公正な価格又は取引条件を課すこと，②需要者の利益に反する生産・販売・技術開発の制限，③取引の相手方を競争上不利にする差別的取扱い，④抱き合わせ契約，がある。

制裁金の減額については，申請者は，欧州委員会が既に保有している証拠に対して著しい付加価値を有する証拠を提供し，申請後直ちに当該カルテルへの関与を中止しなければならない。この要件を最初に満たした事業者には 30〜50％の減額，2 番目に要件を満たした事業者には 20〜30％の減額，それ以降に要件を満たした事業者には 20％までの減額が認められる。

企業結合については，2004 年 5 月に施行された EU 理事会規則 139/2004 号（企業結合規則）によって規制されているが，企業結合規則の施行規則として，欧州委員会規則 802/2004 号（企業結合施行規則）が定められている。

5. 中国の競争法

中国の競争法としては，中華人民共和国独占禁止法（中国独占禁止法）がある。中国独占禁止法の施行後，企業結合の届出基準に関する規定等，各種の規定，ガイドライン等が制定及び公表されている。

中国独占禁止法は，国内の経済活動における独占的行為，また国外で行われる行為のうち，国内市場における競争を排除又は制限する影響を及ぼす行為に適用される（同法 2 条）。ここでいう独占的行為には，①事業者間でカルテル等の独占的協定を行うこと，②事業者が市場で支配的地位を濫用すること，及び③事業者が競争を排除若しくは制限する効果を有し，又はそのおそれのある

112　　第 10 章　競争法

企業結合を行うこと，が含まれる。

　また，制裁金の減免については，事業者が国務院独占禁止法執行機関に対して，自己の行った独占的協定の締結に関する事情を自主的に報告し，かつ重要な証拠を提供した場合においては，国務院独占禁止法執行機関は，当該事業者に対する制裁金を軽減し又は免除することができるとしている。

　以上，各国の競争法の最新の情報は，公正取引委員会のホームページを参照されたい。

練習問題

1. 大手パソコン部品メーカー（I 社）による私的独占事件を調べてみよう。
2. 旅行業者によるカルテル事件を調べてみよう。
3. 電気設備工事の入札参加業者による入札談合について調べてみよう。
4. アイスクリーム製造販売業者（H 社）による再販売価格の拘束について調べてみよう。
5. 大手家電販売業者（Y 社）による優越的地位の濫用について調べてみよう。
6. マイクロソフトの EU における競争法違反事件について調べてみよう。
7. 米通信大手 AT&T による米メディア・娯楽大手タイム・ワーナー買収をめぐり，米司法省が米独占禁止法（反トラスト法）に違反するとして，買収差し止めを求めワシントンの連邦地裁に提訴した事件について調べてみよう。

第11章

腐敗行為

◆ 学習のねらい ·····································

　グローバル企業が，海外で直面する問題として，海外でのビジネスをスムーズに行うため，ビジネスの許認可権を持つ外国の公務員に，金銭を渡す贈賄の問題がある。このような行為は，外国公務員贈賄罪となる。

　本章では，外国公務員贈賄罪となる腐敗行為について学習しよう。

···

1.　外国公務員贈賄罪

　国際商取引において，自分らの利益を得たり，また維持するために，外国公務員に対して直接又は第三者を通して，金銭等を渡したり申し出たりすることは，犯罪である。自分の属する企業のために行っても同じである。これは，外国公務員贈賄罪又は外国公務員不正利益供与罪とも呼ばれ，不正競争防止法18条及び同法21条2項7号に規定されている。

　不正競争防止法18条1項は，「何人も，外国公務員等に対し，国際的な商取引に関して営業上の不正の利益を得るために，その外国公務員等に，その職務に関する行為をさせ若しくはさせないこと，又はその地位を利用して他の外国公務員等にその職務に関する行為をさせ若しくはさせないようにあっせんをさせることを目的として，金銭その他の利益を供与し，又はその申込み若しくは約束をしてはならない。」と規定している。

　もし，これに違反すると，5年以下の懲役若しくは500万円以下の罰金（又

114　第 11 章　腐敗行為

はこれの併科）（不正競争防止法 21 条 2 項 7 号）に科せられる。また，法人両
罰は 3 億円以下の罰金が科せられる（同法 22 条 1 項 3 号）。日本国民について
は，刑法 3 条の例に従い，日本国外で規制対象行為を行った場合にも，本法の
適用を受けることを不正競争防止法 21 条 6 項で規定している。

【事例 11−1】

> 　A 社は，東京に本社のある AI ロボットの製造・販売をしている AI 企
> 業である。A 社は，甲国の発電所建設事業における AI を使った自動制御
> 装置の受注のため，甲国のエージェント（代理人）を介して，甲国の公務
> 員に工作費として 10,000 米ドルを渡した。

　【事例 11−1】は，典型的な外国公務員贈賄罪の例である。工作員は 5 年以
下の懲役若しくは 500 万円以下の罰金に科せられ，A 社も両罰規定により，3
億円以下の罰金が科せられる。

　外国公務員贈賄については，1997 年 12 月，パリの経済協力開発機構（OECD）
本部において，日本を含む 33 カ国により「国際商取引における外国公務員に
対する贈賄の防止に関する条約」（外国公務員贈賄防止条約）が署名された。
同条約は，1999 年 2 月に発効している。

　この条約は，国際商取引における外国公務員への不正な利益供与が，国際的
な競争条件を歪めているという実態から，これを防止することにより，国際的
な商取引における公正な競争を確保することを目的とするものである。日本
は，これを受けて，1998 年，不正競争防止法が改正され，外国公務員贈賄罪
が導入された。

　もともと，外国公務員に対する賄賂の規制は，日本のロッキード事件を契機
とする。この事件により，アメリカは 1977 年，外国公務員に対する商業目的
での贈賄行為を違法とする「海外腐敗行為防止法」（Foreign Corrupt Practices
Act：FCPA）を制定し，国連，OECD 等においても各国の取組みを要請し
た。

　その後も，アメリカ政府は経済界・議会の意向により，次第に各国への働き
かけを強化した。その結果，近年の企業活動のグローバル化及びボーダーレス

化の進展に伴い，海外市場での商取引の機会の維持，獲得を図るには，製品や
サービスの価格や質による公正な国際競争が必要であり，贈賄，すなわち不正
な利益供与という腐敗した行為は防止すべきという問題意識が国際的にも高く
なった。このような背景から，OECD の外国公務員贈賄防止条約の発効と
なった。2017 年 10 月現在，本条約の締約国は 43 カ国にのぼる。

　外国公務員贈賄罪の立証は，海外関係者の供述を得る等，捜査が難航するこ
とが多く，1998 年以来，不正競争防止法による立件は数件にとどまる。その
ため，OECD は，2005 年，日本政府に対して，対策が不十分として是正を勧
告した。また OECD は，翌 2006 年には，捜査体制強化を求める報告書を発表
している。このような中，2018 年の刑事訴訟法の改正により，法人の刑事責
任を免れる見返りに，不正に関与した社員への捜査に協力する司法取引（協
議・合意制度）が成立した。

【事例 11－2】

　A 社は，東京に本社のある AI ロボットの製造・販売をしている AI 企
業である。A 社は，甲国の発電所建設事業における AI を使った自動制御
装置の受注のため，甲国の公務員に工作費として 10,000 米ドルを渡した。
これが当局に発覚すると，A 社は，司法取引のため，当局に，不正に関与
した社員の捜索に協力する旨を申し入れた。

　司法取引（協議・合意制度）は，アメリカではすでに導入されているが，裁
判において，被告人と検察官が取引をし，被告人が罪を認めるか，あるいは共
犯者を法廷で告発する，あるいは捜査に協力することで，求刑の軽減，又はい
くつかの罪状の取り下げを行うことである。すなわち，容疑者や被告人が供述
や証拠の提出により，共犯者ら他人の犯罪の捜査・公判に協力する見返りに，
自分の起訴を見送ってもらったり求刑を軽くしてもらったりする制度である。

　この司法取引により，日本も外国公務員贈収賄罪の立証が，容易になるので
はないかと期待されている。

2. アメリカの海外腐敗行為防止法 (FCPA)

外国の公務員に対する贈賄を規制する法律として，アメリカには，海外腐敗行為防止法 (Foreign Corrupt Practices Act：FCPA) がある。FCPA は，外国公務員に対する賄賂の支払を禁止する規定 (賄賂禁止規定) と，証券取引法に基づく会計の透明性を要求する規定 (経理規定) からなる。

賄賂禁止規定は，不正に，外国公務員 (foreign official)，外国の政党 (foreign political party)，又は政治職の候補者 (candidate for political office) に対して，当該外国公務員がその義務に反する行為をするよう影響を与える目的で，又は取引を獲得し，若しくは維持するために，いかなる有価物であってもその支払をし，若しくはその申し出をするために，州際通商における手段を利用することを禁止する。州際通商における手段とは，州をまたがっての (アメリカのある州と外国との間のものを含む) 電話・テレックス・電子メール等の通信手段や電車・飛行機等の交通手段等を指す。

また，上記のような違法な支払や申し出を実現するための行為を，①上場企業や国内企業がアメリカ国外で行ったり，②上場企業でも国内企業でもない者 (アメリカに上場していない外国企業や外国個人) がアメリカ国内で行うことも禁じられる。さらに，直接外国公務員に賄賂を支払うことは勿論，第三者 (仲介者，エージェント等) を通じて間接的に支払うことも禁じられる。

賄賂禁止規定の対象者としては，①上場企業 (issuers)，②国内企業 (domestic concerns)，③その他の者 (any person) がある。上場企業とは，1934年証券取引法に基づいてその持分が登録されているか，又は同法に基づく報告書の提出が義務付けられている企業で，アメリカ企業と外国企業の双方を含む。国内企業とは，アメリカの市民，国民又は居住者である個人と，アメリカの法律の下に設立されたか，又はアメリカに主要な事業所を置いている会社その他の者を指す。その他の者には，企業と個人の双方が含まれる。

3. イギリスの贈収賄法 117

【事例 11−3】

　A 社は，東京に本社のある AI ロボットの製造・販売をしている AI 企業である。A 社は，アメリカに子会社 A–USA 社を持っているが，甲国の発電所建設事業における AI を使った自動制御装置の受注のため，A–USA 社の社員を通して，甲国の公務員に工作費として 10,000 米ドルを渡した。

　【事例 11−3】は，A 社がアメリカに子会社 A–USA 社を持っていることや，子会社 A–USA 社の社員が関与していること等から，十分に FCPA の規制対象となる。

　FCPA に違反すると，会社の場合には 2 百万米ドル以下の罰金が科せられる。また，個人の場合には 5 年以下の禁固，若しくは 25 万米ドル以下の罰金，又はその併科となる。さらに，違法行為で被告が得た利益又は被害者の被った損害の 2 倍額相当の罰金を科されることがある。

　今までの FCPA の違反の中で，罰金額が最高だったのが，ドイツのシーメンス（Siemens AG）で，約 800 百万米ドルである。なお，この金額は，米国証券取引委員会（U.S. Securities and Exchange Commission：SEC）及び米国法務省（Department of Justice：DOJ）の罰金であり，現地当局から科せられた罰金を併せると，巨額な罰金となる。なお，高額な罰金額上位 10 社のうち，フランスが 3 社，アメリカが 2 社，ドイツが 2 社，イギリス，日本，サウジアラビアがそれぞれ 1 社ずつある。中でも，日本は，建設・エンジニアリング会社の日揮（DJC）が 9 位に位置している。

3. イギリスの贈収賄法

　イギリスには，贈収賄を規制する法律として，贈収賄防止法（Bribery Act 2010）がある。同法の条文を見ると，アメリカの FCPA よりも厳しい内容となっている。従来の賄賂に関するすべての法令やコモン・ローの条項を廃止し，その代わりに贈賄，収賄，外国公務員に対する贈賄，営利組織の贈賄防止

措置の懈怠の罪が規定された。同法は，①贈賄，②収賄，③外国公務員に対する贈賄，④営利団体による，その従業員，使用人又は代理人等が贈賄を行うことを防止するための措置の懈怠を処罰の対象としている。

罰則としては，最高で 10 年の拘禁刑又は無制限の罰金，そして 2002 年犯罪収益法（Proceeds of Crime Act 2002）に基づく財産の没収，さらには，1986年会社取締役資格剥奪法（Company Directors Disqualification Act 1986）に基づく取締役資格の剥奪の可能性がある。

【事例 11－4】

> A 社は，東京に本社のある AI ロボットの製造・販売をしている AI 企業である。A 社は，イギリスに営業所を有しているが，甲国の発電所建設事業における AI を使った自動制御装置の受注のため，甲国の公務員に工作費として 10,000 米ドルを渡した。

この法律の特徴は，犯罪がどこで行われたかを問わず，イギリスに関わりのある個人や会社を起訴することができることである。そのため，イギリスの贈収賄防止法は，世界で最も厳しい汚職防止法といわれ，世界の市場で容認されている行為を犯罪化している。これにより，少しでもイギリスに関係していた場合，例えば，【事例 11－4】のように，日本企業の営業所がイギリスにあっただけでも，イギリスの贈収賄防止法の適用対象となるため，イギリスでの事業が競争で不利になるとの懸念が一部である。

4. フランスの腐敗行為防止法

フランスでは，2016 年 12 月 9 日，新たな腐敗行為防止法（サパン II 法，Sapin II Law）が制定された。腐敗行為防止法は，腐敗行為防止を所管する新たな機関の創設，腐敗行為に対する罰則の強化，コンプライアンス・プログラム実施義務の規定，アメリカ等で採用されているいわゆる訴追延期合意（Deferred Prosecution Agreement）類似の和解制度の導入，公益通報者保護の強化，域外適用範囲の拡大と多岐に渡る。

具体的には，一定規模以上の企業（500名以上の従業員を有し，年間の売上総利益が1億ユーロを超える会社等）の役員等に，所定の内容を有するコンプライアンス・プログラムの実施義務が課されたこと，従来はフランス国籍保有者の行為に限定的にしか認められていなかった域外適用の範囲が，フランスに居住する個人やフランスで経済活動の全部又は一部を営む個人及び法人等の行為にまで拡大されたことには特に注意する必要がある。

5. 中国の商業賄賂法

現在，中国では，刑法に贈収賄犯罪に関する規定があるが，商業賄賂に特化した法律はない。しかし，商業賄賂に関連のある行政法規として，①不正競争防止法（2017年），②商業賄賂取締り特別作業における政策限界の正確把握に関する意見（2007年），③商業賄賂行為の禁止に関する暫定規定（1996年），④商業賄賂刑事案件の処理における法律適用の若干問題に関する意見（2008年），⑤国土資源分野商業賄賂取締り専門業務の推進に関する意見（2007年），及び⑥医薬売買分野商業賄賂取締り業務の推進に関する通知（2010年），と多岐にわたる。

これら行政法規の規定により，商業賄賂とは「ビジネス活動において公平競争原則に違反し，金品又はその他の利益を供与，受領することにより，ビジネスチャンス又はその他の経済利益を提供，取得する行為のことを指す」と定義付けられている。

日本法に定める商業賄賂と比べると，中国法に定める商業賄賂の最も大きな特徴は，公務員相手の賄賂に限らず，民間企業間の商業取引についても商業賄賂として認定されるケースがあるということである。民間企業同士の接待も，中国では商業賄賂と認定されるケースがあるので注意が必要である。

練習問題

1. 日揮のナイジェリア天然ガス事業の賄賂事件について調べてみよう。
2. シーメンスの賄賂事件について調べてみよう。
3. タイで起きた三菱日立パワーシステム事件について調べてみよう。

120　第 11 章　腐敗行為

4. ベトナム・インドネシア・ウズベキスタンで起きた日本交通技術事件について調べてみよう。

5. 腐敗の防止に関する国際連合条約（国際連合腐敗防止条約）について調べてみよう。

第 12 章

国際会計と国際課税

◆学習のねらい⋯⋯⋯⋯⋯⋯⋯⋯⋯⋯⋯⋯⋯⋯⋯⋯⋯⋯⋯⋯⋯

　企業にとって，どのくらい資産があるのか，どのくらい利益が出たのかを正確に把握することは，グローバル企業だけでなく，一般の企業にとって最も重要な課題の一つである。また，税金対策も，グローバル企業にとって，経営の重要な柱である。

　この章では，グローバル企業の国際会計と税金対策について学習しよう。

⋯⋯⋯⋯⋯⋯⋯⋯⋯⋯⋯⋯⋯⋯⋯⋯⋯⋯⋯⋯⋯⋯⋯⋯⋯⋯⋯⋯⋯⋯⋯⋯

1. 財務諸表

　日本の会社法では，貸借対照表（Balance Sheet：B/S），損益計算書（Profit and Loss：P/L, Income Statement），株主資本等変動計算書，キャッシュフロー計算書（Cash Flow Statement：C/F）等を計算書類というが，一般的には，財務諸表と呼ばれている。特に，企業にとって重要な貸借対照表（B/S），損益計算書（P/L），及びキャッシュフロー計算書（C/F）の3つを財務三表という。

　日本では，4月1日から翌年の3月31日までを会計年度（事業年度）とする企業が多いが，この期間の企業や団体の費目別の収益と費用とを対照表示し，当期純損益がわかるようにまとめた表を損益計算書（P/L）という。すなわち，損益計算書（P/L）とは，企業のある一定期間における収益（revenue）と費用（expense）の状態を表すために，複式簿記で記録されたデータを集計

122　第 12 章　国際会計と国際課税

することによって，貸借対照表（B/S）等と同時に作成されるものである。

　損益計算書（P/L）は，企業内において経営判断のための情報として用いるほか，株主や債権者等に経営成績に関する情報を提供するものである。一言でいえば，企業のお小遣い帳ともいうべきものであり，一定期間の間に，どのくらい収入があって，どのくらい支出があったかを差し引きし，最終的に，いくら利益があったかを示すものである。

　なお，損益計算書（P/L）の呼び方は国によって異なり，アメリカでは，Income Statement, Statement of Income や Statement of Earnings と呼ばれるのに対し，イギリスでは Profit and Loss Statement と呼んでいる。日本は，イギリス風の呼び方から，一般に P/L と略される。

【事例 12−1】

　A 社は，東京に本社のある AI ロボットの製造・販売をしている AI 企業である。A 社は，4 月 1 日から翌 3 月 31 日を会計年度としているが，2019 年度の決算を発表した。損益計算書を見ると，売上高が 1 兆円であり，営業利益は 2,000 億円，当期純利益は 1,512 億円であった。

　【事例 12−1】の A 社の具体的な損益計算書（P/L）は，以下の通りである。

損益計算書（2019 年 4 月 1 日〜2020 年 3 月 31 日）

（単位：百万円）

科目	金額
売上高	1,000,000
売上原価	500,000
売上総利益	500,000
販売費及び一般管理費	300,000
営業利益	200,000
営業外収益	3,000
営業外費用	1,000
経常利益	202,000

特別利益		100,000
特別損失		50,000
税引前当期利益		252,000
法人税，住民税及び事業税		100,800
当期純利益		151,200

　一方，貸借対照表（B/S）とは，企業や団体の，ある時点（普通は会計上の期末）の財務状態を，資産の部を左側に，負債及び純資産の部を右側に記し，総合的な損益額も明らかになるようにまとめた表である。一般に会計年度の最終日の財務状態を表す。簡単にいえば，右側の負債及び資本の部は，企業がどのようにおカネを手に入れたのか，左側の資産の部は，企業が集めた右側のおカネがどのように変化したのかを表すものである。

【事例 12−2】

　A 社は，東京に本社のある AI ロボットの製造・販売をしている AI 企業である。A 社は，4 月 1 日から翌 3 月 31 日を会計年度としているが，2019 年度の決算を発表した。貸借対照表を見ると，A 社の総資産は，9,500 億円であった。

　【事例 12−2】の A 社の具体的な貸借対照表（B/S）は，以下の通りである。

貸借対照表（2020 年 3 月 31 日）

（単位：百万円）

資産		負債及び純資産	
流動資産	420,000	流動負債	155,000
現金預金	150,000	支払手形	80,000
受取手形	130,000	買掛金	55,000
売掛金	100,000	短期借入金	20,000
有価証券	30,000	固定負債	320,000
商品	10,000	長期借入金	120,000

124　第 12 章　国際会計と国際課税

固定資産	530,000	社債	200,000
土地	180,000	純資産	475,000
建物	230,000	資本金	360,000
機械	120,000	利益剰余金	115,000
合計	950,000	合計	950,000

　キャッシュフロー計算書（C/F）とは，会計期間における資金（現金及び現金同等物）の増減，つまり収入と支出（キャッシュフローの状況）を営業活動・投資活動・財務活動ごとに区分して表示するものである。現金（Cash）とは，手許現金及び要求払預金（普通預金や当座預金等）をいう。また，現金同等物（cash equivalents）とは，容易に換金可能であり，かつ価値の変動について僅少なリスクしか負わない短期投資を指す。具体的には，定期預金（3カ月以内のもの），譲渡性預金，コマーシャル・ペーパー等がこれに含まれる。

　キャッシュフロー計算書（C/F）が重視されるようになったのは，企業の黒字倒産が増えたためである。黒字倒産とは，損益計算書上では黒字の状態であるにもかかわらず，現金がない等の資金繰りの悪化で，企業が倒産してしまうことを指す。すなわち，支払いは基本的に現金で行うので，企業にどのくらい現金があるかが重視されたことによる。

　日本の会計制度は，会社法，金融商品取引法（金商法），税法の 3 つの法分野の規制を受ける。中でも，金融商品取引法は，証券市場における有価証券の発行・売買その他の取引について規定する法律であるが，有価証券報告書についても規定している。

　有価証券報告書とは，会計年度ごとに作成する企業内容の外部への開示資料であり，登記の財務諸表等が記載されている。具体的には，金融商品取引所（証券取引所）に株式公開している会社は，各事業年度終了後，3 カ月以内の金融庁への提出が義務づけられている。

　なお，企業会計基準委員会（Accounting Standards Board of Japan：ASBJ）は，2018 年 3 月 30 日に企業会計基準第 29 号「収益認識に関する会計基準」（収益認識会計基準）及び企業会計基準適用指針第 30 号「収益認識に関する会計基準の適用指針」（収益認識適用指針）」を公表した。これにより，今まであ

いまいであった収益認識に関する包括的な会計基準が明確となった。

2. 国際会計基準

会計基準とは，会計処理及び会計報告における法規範であるが，これは国によって異なる。日本の会計基準は，企業会計原則を中心として，複数の基準により構成されている。

一方，国際会計基準（International Financial Reporting Standards：IFRS）（International Accounting Standards：IAS）とは，ロンドンを拠点とする民間団体である国際会計基準委員会（International Accounting Standards Committee：IASC）によって作成された会計基準である。

これは，世界共通の会計基準づくりを目指して始まり，2005年にはEU域内上場企業に適用義務化され，現在は110以上の国と地域で採用されている。日本も，2010年3月31日以後終了する連結会計年度より，国際会計基準（IFRS）の任意適用を開始した。海外のグローバル企業の多くは，自国の会計基準とともに，国際会計基準（IFRS）を採用しているところが多い。

IFRSには，①原則主義，②キャッシュフロー重視，③グローバル基準，の3つの特徴がある。原則主義とは，解釈指針の他には，詳細な規定や数値基準がほとんど示されていない会計主義のことであり，その分，自由裁量の度合いが高くなる。このため，解釈の根拠を外部に明確に示す必要性があるため，大量の注記がなされることとなる。一方，日本の基準は細則主義で，会計基準や解釈指針，実務指針等々，細かく規定が定められる。

キャッシュフロー計算書に関しては，IFRSでは，投資家や債権者が必要としている資産価値を評価する情報として，将来キャッシュフローの現在価値を重視するが，日本では期間損益を重視する損益計算書重視である。

このような特徴を有するIFRSであるが，グローバル企業では海外子会社が多く，これらすべての子会社がIFRSを採用していると，会社間指標が同じになるので管理が容易になる。また，IFRSにより業績の指標が統一されるので，子会社の業績がより正確に把握できるほか，業績面での子会社との認識の相違も避けることができる。さらに，のれん，収益認識及び有給休暇引当金

126　第12章　国際会計と国際課税

等，日本の会計基準より IFRS の方が自社の実態を適切に表現できる場合がある。例えば，のれんは，日本の会計基準では 20 年で定額償却するが，IFRS では，特定の事象がない限り償却することはない等の相違がある。

【事例 12-3】

> A 社は，東京に本社のある AI ロボットの製造・販売をしている AI 企業である。A 社は，国際会計基準（IFRS）を導入することになったが，会社法上，依然として日本の会計基準にあわせた開示を求められ，複数の会計帳簿を用意する必要が出てきた。

IFRS にはメリットが多いが，一方で，日本では，会社法により，依然として日本の会計基準での開示が求められるので，複数の帳簿（IFRS 用と日本の会計基準用）を用意する必要があり，また，注記情報が多大になるため開示コストが増加する等，事務負担が増加する。また，IFRS への移行に関する外部のアドバイザー費用，追加的な監査報酬，システム対応のコストの増加等，IFRS の導入に当たっては多額な費用が必要となる。さらに，会計基準が難解であることや頻繁に改正されるので適用が難しい，等のデメリットもある。

しかし，IFRS 導入に関しては，大手の自動車メーカーや ICT 企業等が導入の検討を始め，ある大手企業はすでに採用を決めた。2018 年 10 月時点での採用又は採用予定企業は 195 社ある。

なお，世界的な潮流としては，IFRS の他に，米国会計基準（Generally Accepted Accounting Principles：USGAAP）（一般に公正妥当と認められた会計原則）がある。日本には，これに該当するものとして，企業会計原則がある。いわゆる，日本版 GAAP と言われるもので，1949 年に企業会計制度対策調査会が公表した会計基準である。

現在，日本で採用できる会計基準は現在 4 つある。日本基準，米国会計基準，IFRS に加え「日本版 IFRS」とも呼ばれる IFRS の一部を日本仕様に変更した修正国際会計基準（Japan's Modified International Standards：JMIS）が併存する。

3. 連結決算

　連結決算とは，支配従属関係にある2つ以上の企業からなる集団（企業集団）を単一の組織体とみなして，親会社が当該企業集団の財政状態，経営成績及びキャッシュフローの状況を総合的に報告するものである。すなわち，親会社だけでなく，国内・海外子会社及び関連会社を含めたグループ全体の決算方法のことであり，企業グループ全体の貸借対照表や損益計算書を連結財務諸表として公開する。なお，連結財務諸表に対して，法形式上の会社を単位として作成される財務諸表を，個別財務諸表あるいは単体財務諸表と呼んで区別する。

【事例 12−4】

　　A社は，東京に本社のあるAIロボットの製造・販売をしているAI企業である。A社は，甲国に100%子会社のB社，乙国に50%の株を持つC社，丙国に20%の株を持つD社を有する。A社は，これらをグループ企業として連結決算を行った。

　連結対象となる子会社は，①親会社が50%を超える出資を行っている会社，及び②親会社と子会社で合わせて50%以上の出資を行っている孫会社，である。実際には，連結グループ全体への影響度が低い（重要性が低い）子会社や関連会社については連結対象から外すことができる。重要性は，経営戦略上の子会社の位置づけ等の質的な側面と資産・売上・利益・利益剰余金といった量的な側面の2つで判断することになる。また，20〜50%の出資を行っている非連結子会社が「持分法」によって連結決算に組み込まれる。

　なお，持分法とは，企業が連結財務諸表を作成する際，出資比率が20〜50%までの連結子会社以外の関連会社や，非連結子会社の状況も反映させるための会計方法のことである。例えば，出資比率が20%であれば，売上高や利益もそれに応じた額を連結決算として計上する。

　すなわち，連結財務諸表は，親会社が自己を頂点とする企業集団の財政状況

128 第 12 章 国際会計と国際課税

を報告するものであり，企業集団には親会社が支配する連結子会社が含まれる。しかし，連結子会社ではないが，当該会社の投資先であり影響力を行使しうる会社（関連会社）の財政状態・経営成績も，部分的・間接的にではあれ親会社の連結財務諸表に反映すべきである。そのための手法が持分法である。

連結財務諸表は，連結貸借対照表，連結損益計算書，連結包括利益計算書，連結株主資本等変動計算書，連結キャッシュフロー計算書により構成される。連結財務諸表作成の前提となる企業集団（連結企業集団）は，親会社とその連結子会社から構成される。

子会社の経営意思決定は基本的にすべて親会社により行われるため，事実上，企業集団は一体として事業活動を行っていると捉えられる。このため，財務報告に関しても，個々の会社という枠を超えて，企業集団全体としての観点から財務諸表を作成・開示することが求められる。

【事例 12−5】

　A 社は，東京に本社のある AI ロボットの製造・販売をしている AI 企業である。A 社は，損失を隠すために甲国のペーパーカンパニーである特別目的会社（Special Purpose Company：SPC）B 社を作り，そこに負債を移した。その後，連結決算から B 社を外した。

【事例 12−5】は，「飛ばし」の例である。「飛ばし」とは，含み損が生じた資産を市場価格よりも高値で第三者に転売することによって損失を隠すことである。会社が保有する有価証券の時価が大幅に下落したとき，決算期の異なる他の会社に簿価に近い価格で一時的に売却することによって，決算書への損失計上を回避・先送りすること等がこれにあたる。

例えば，A 社が 100 万円で買った株が，値下がりして市場価格は 20 万円になったとする。この 80 万円の損が明らかになってしまうのを隠すために，20 万円になってしまった株を，買値である 100 万円で他社（SPC）に売り，それを連結決算から外して，不正に損失を隠すことが行われる。

4. 移転価格税制

移転価格税制（Transfer pricing Taxation：TP）とは，独立企業（資本や人的に支配関係にない企業間）間で取引される価格（独立企業間価格，arm's length price）と異なる価格で関連者（資本や人的に支配関係にある外国会社）と取引が行われた場合，その取引価格が独立企業間価格で行われたものとして課税所得金額を算定する税制である。

独立企業間価格とは，当該国外関連取引と同様の状況のもとで，独立第三者間において同種の取引が行われた場合に成立すると認められる価格をいう。日本の税制では，法人（内国法人・外国法人）と国外関連者の間の取引に付された価格を対象として，移転価格税制が組み立てられている。

【事例 12−6】

> A 社は，東京に本社のある AI ロボットの製造・販売をしている AI 企業である。A 社は，甲国に子会社の B 社を有している。B 社は本社の A 社から，AI ロボットを 100 万円の移転価格で輸入し，甲国内で 120 万円で販売している。

【事例 12−6】では，諸経費を無視すると B 社の利益は 20 万円となるが，この移転価格を 100 万円から 110 万円に引き上げれば，利益を 20 万円から 10 万円に下げることができる。このように，移転価格を自由に設定することにより，意図的に B 社の利益を小さくすることができる。逆に，移転価格を 90 万円に下げることにより，利益を 30 万円に上げることも可能である。

本社の A 社としても，移転価格を意図的に変更することにより，利益を自由に変更することができる。このように，移転価格を自由に設定することは，利益操作に繋がり，ひいては国に納める税金（主に法人税）の多少にも関わってくる。

このように，法人とその国外関連会社との取引価格は，様々な理由から独立企業間価格とは異なる価格で行われることがある。

5. 二重課税

　移転価格税制に基づき課税された場合，一時的に国際的二重課税が発生する可能性がある。二重課税とは，一つの課税原因（税金が課されることとされている取引や事実関係）に関して同種の租税が2回以上課される状態をいう。

　この二重課税を回避するため，国外関連取引当事者が所在するそれぞれの国の権限ある当局は，この国際的二重課税の排除を目的として協議（相互協議）を行う。当局間で相互協議が合意されると，課税国及び相手国は，合意内容に基づいてそれぞれの国外関連取引当事者に対して，減額更正等の処分を行い，二重課税の排除を行うが，これを対応的調整という。

　国際的二重課税排除のための相互協議は，租税条約の規定に基づき行われる。したがって，租税条約を締結していない国に所在する国外関連者との取引に対して，移転価格税制による課税を受けた場合の国際的二重課税の排除は，通常課税国の国内法に基づく手続き（日本の場合であれば，異議申立，審査請求，訴訟）によるほかなく，また，これら国内法に基づく手続きでは，課税の全部取り消しの判決等ではない限り，二重課税は完全に排除されない。日本が租税条約を締結していない主な国，地域としては，香港，台湾，アルゼンチン，ポルトガル等がある。

　このような移転価格課税リスクをあらかじめ回避するために，取引に先立って企業が課税当局との間で，国外関連者との取引価格が独立企業間価格であるとの確認を得る制度があり，これを事前確認制度（Advance Pricing Agreement：APA）という。

　APAは大きく分けて，①国外関連取引当事者一方とその所在する国の当局とのみで行う「ユニラテラルAPA」，②当事者双方がそれぞれの所在地国の当局とで行う「バイラテラルAPA」の2種類ある。バイラテラルAPAは両所在地国の当局間の相互協議での合意が前提であることから，その合意にしたがって国外関連取引を行う限り，国際的二重課税のリスクはなくなる。

　一方，ユニラテラルAPAは，一方の所在地国内での確認であり，他方の所在地国がその確認を認めるとは限らないことから，国際的二重課税のリスクは

残る。しかし，国外関連者が香港，台湾等，租税条約締結国・地域以外に所在する場合はそれなりに，グローバル企業にとって有効な手段である。

　なお，アメリカでは APA の合意に法的拘束力が与えられており，一口に APA といっても国によって具体的仕組みは様々であることに注意する必要がある。

6.　タックス・ヘイヴンと資金洗浄

　タックス・ヘイヴン（租税回避地）（tax haven）とは，一定の課税が著しく軽減，又は完全に免除される国や地域のことである。すなわち，タックス・ヘイヴンは，税制上の優遇措置を，域外の企業に対して戦略的に設けている国又は地域のことである。国内経済を支える基幹産業に乏しい国・地域が，富裕層の移住や企業の進出による雇用・手数料歳入の増加などを目的に，法人税を減免している。

　代表的な場所としては，イギリス領ケイマン諸島，バージン諸島といったカリブ海の島国が挙げられる。また，富裕層への税優遇制度の手厚いオランダやアメリカのデラウェア州等の国・地域は，日本等の他国の税務当局の求める納税情報の提供を，企業・個人情報の保護等を理由に拒否して他国が干渉出来ないため，タックス・ヘイヴンとして富裕層の資金が集まる。デラウェア州は，法人税制や LLC（Limited Liability Company）の税制から判断すると，世界最悪のタックス・ヘイヴンであるという指摘もある。

【事例 12－7】

　　A 社は，東京に本社のある AI ロボットの製造・販売をしている AI 企業である。A 社は，イギリス領ケイマン諸島に，ペーパーカンパニーである特別目的会社（SPC）を作り，そこに利益を移した。

　一部のタックス・ヘイヴンには，本国からの取締りが困難だという点に目を付けた悪質な利用の対象となる場合がある。例として麻薬や武器取引等の犯罪・テロリズム行為のための資金を隠匿する場所として，暴力団やマフィアの

第 12 章　国際会計と国際課税

資金や第三国からの資金が大量に流入しているといわれている。

これは，資金洗浄（マネーロンダリング）（money laundering）と言われるもので，犯罪によって得られた収益金の出所等を隠蔽してあたかも正当な手段で得た資金と見せかけることで，一般市場で使っても身元がばれないようにする行為である。

これに対して，経済協力開発機構（OECD）では，金融・サービス等の活動から生じる所得に対して無税としている，又は名目的にしか課税していないこと，かつ①他国と実効的な情報交換を行っていないこと，②税制や税務執行につき透明性が欠如していること，又は③誘致される金融・サービス等の活動について，自国・地域において実質的な活動がなされることを要求していないこと，のいずれか一つでも該当する非加盟国・地域をタックス・ヘイヴンと認定し，有害税制リストに載せている。

タックス・ヘイヴン自体に違法性はないとする見解がある一方で，悪質な場合は資本主義の構造に悪影響をもたらす存在となり得るため，タックス・ヘイヴン対策税制等の対策が取られている。なお，タックス・ヘイヴン対策税制とは，タックス・ヘイヴンを利用した課税繰り延べに対抗するための税制であり，本国に本社を設ける企業が，海外の低税率国で実体のない子会社の所得を計上している場合，本国にその所得を合算して課税対象にすることになる。この合算課税の制度により，不当な節税策に対する牽制機能を働かせようとしている。

7.　BEPS（税源浸食と利益移転）

上述のように，グローバル企業は，二国以上の課税制度の違いから生じる国際的二重非課税を利用して租税回避行為を行うことがある。各国の課税制度の違いを利用して税率の高い国から無税又は低い税率の国へ所得を移し，納税額を最小限に抑える行為である。これを BEPS（Base Erosion and Profit Shifting）（税源浸食と利益移転）という。

これらの行為は，ただちに違法とまではいえないが，税制度や租税条約の隙間をついた手法であり，このような企業に批判が集まっている。このような

中，OECD は，2013 年，こうしたグローバル企業の行き過ぎた節税を防ぐための BEPS 対策として 15 項のアクション・プランからなる BEPS 行動計画（Action Plan on Base Erosion and Profit Shifting）を公表した。

この 15 項目は，G20（財務大臣・中央銀行総裁会議）の要請により策定されたものであり，2015 年に最終報告書がまとめられた。グローバル企業は，これを基に対策を講じる必要がある。

練習問題

1. 金融商品取引法について調べてみよう。
2. 新収益認識基準について調べてみよう。
3. 日本は，どこと租税条約を結んでいるのか調べてみよう。
4. タックス・ヘイヴンがどこにあるのか調べてみよう。
5. 資金洗浄の事件について調べてみよう。
6. パナマ文書について調べてみよう。
7. オリンパス事件について調べてみよう。
8. OECD の BEPS 行動計画及び最終報告書を調べてみよう。

第 13 章

情報管理

◆学習のねらい・・
　グローバル企業にとって，情報をいかに管理するかは，将来のビジネス戦略に大きく関わる問題である。特に，近時，インターネットやビッグデータの活用，個人情報の保護に関しては，技術の進展とともに，情報管理は企業にとって死活問題である。
　この章では，グローバル企業が直面する情報の管理について学習しよう。
・・

1. 情報の国外移転

　企業は，日々のビジネスを通して，ありとあらゆる情報を入手し，ビジネス戦略の基礎データとして活用する。一方で，技術情報のように企業内で生み出されたものを，厳重に管理し，秘密情報（トレード・シークレット）が外部に漏れないように，その取扱いを厳重に管理する。特に，グローバル企業は，世界規模でビジネスを展開するため，国内企業に比べ，それらの秘密情報が国外に簡単に漏えいしてしまうというリスクを負っている。

　日本では，これらの企業秘密を営業秘密として，不正競争防止法で規制している。また，特に，個人情報に関しては個人情報保護法で規制している。

⑴　営業秘密
営業秘密とは，不正競争防止法により保護される情報で，秘密として管理さ

れている生産方法，販売方法その他の事業活動に有用な技術上又は営業上の情報であって，公然と知られていないものをいう（不正競争防止法2条6項）。このように，営業秘密には，①秘密として管理されているか（秘密管理性），②事業活動に有用であるか（有用性），及び③公然と知られていない情報であるか（非公知性），の3要件が必要である。この3つの要件のうち，②の有用性と③の非公知性については，裁判において問題にされることは多くはないが，①の秘密管理性は，企業が営業秘密として管理する秘密情報を，いかに厳重に管理しているかが問われる。

【事例 13－1】

> A社は，東京に本社のある AI ロボットの製造・販売をしている AI 企業である。A社は，AI ロボットの技術情報の一部を営業秘密として，他に漏れないように極秘扱いとして厳重に管理している。

例えば，秘密情報を鍵のかかるキャビネットに保管しているか，パソコンにはパスワードが設定されており，アクセス制限がかけられているか等が問われる。すなわち，いくら企業が営業秘密だと主張しても，アクセス制限がかけられておらず，また従業員も秘密として認識していないようであれば営業秘密として認められることはなく，不正競争防止法による保護の対象とはならない。

営業秘密に関する不正行為は，①窃取等の不正な手段による産業スパイ的な取得行為と，②不正図利ないし加害目的での信頼違反的な使用又は開示行為の2類型に大別される。前者については取得，使用，開示行為のほか，不正取得された情報の流出であることを知って取得，使用，開示する行為，不正取得が介在することを取得後に知って使用又は開示する行為も不正行為とされる。また，後者については，不正開示による流出情報であることを知って取得，使用又は開示する行為，取得後に悪意（知った）になったのち使用又は開示する行為も不正行為とされる。

なお，これら営業秘密の範囲は広く，新製品情報，販売計画，営業戦略，顧客情報，等の営業上の情報だけでなく，新製品開発情報，生産計画，技術情報，等の技術上の情報，及び組織情報，人員計画情報等の一般的な情報も含ま

136　第13章　情報管理

れる。

　グローバル企業の場合，他国に子会社や生産拠点を置くため，これらの情報
が共有されることが多い。そのために，現地での情報管理が問題となる。特
に，海外に生産拠点を置く場合，現地の従業員を雇い入れるため，技術上のノ
ウハウ等の流出が懸念され，企業として，いかに情報を管理するかが大きな問
題となる。この問題は，日本のグローバル企業に限らず，世界のグローバル企
業に共通の問題である。

(2) 個人情報

　個人情報（personal data：PD, personally identifiable information：PII）
とは，任意の一人の個人に関する情報であり，かつその情報に含まれる記述等
によって特定の個人を識別できるものを指す。

　日本では，2003年5月に，個人情報保護関連5法が制定された。これらは，
①「個人情報保護に関する法律」（個人情報保護法），②「行政機関の保有する
個人情報の保護に関する法律」，③「独立行政法人等の保有する個人情報の保
護に関する法律」，④「情報公開・個人情報保護審査会設置法」，⑤「行政機関
の保有する個人情報の保護に関する法律等の施行に伴う関係法律の整備等に関
する法律」の5つの法律である。このうち，民間部門の個人情報を規制する法
律としては，個人情報保護法が主に関係する。

【事例13－2】

> 　A社は，東京に本社のあるAIロボットの製造・販売をしているAI企
> 業である。A社は，グローバルな受発注システムを構築したが，顧客情報
> を一元管理のためデータベース化し，不正アクセスされないように厳重に
> 取り扱っている。

　個人情報保護法は，基本理念等の基本法部分と，民間部門に関する一般法部
分に分けられるが，一般法部分において，個人情報取扱事業者の義務が定めら
れている。なお，同法では，一部の例外を除き，個人情報取扱事業者を「個人
情報データベース等を事業の用に供している者」と定義している。

その後，同法は，約 10 年ぶりに改正され，2015 年に「改正個人情報保護法」（改正法）が成立・公布された。そして，2017 年 5 月 30 日より全面施行された。

改正の内容は，①個人情報の定義の明確化，②適切な規律の下で個人情報の有用性を確保，③個人情報の保護を強化（名簿屋対策），④個人情報保護委員会の新設及びその権限，⑤個人情報の取扱いのグローバル化，⑥その他改正事項，の 6 項目である。また，事業者側がより積極的に個人情報を活用できるよう，何が個人情報にあたるかを厳格に定め，本人が特定できないように加工されていれば，個人情報をビッグデータとして利活用できるようになった。

2. アメリカの法規制

営業秘密に関するアメリカの法令としては，1979 年に作成された「統一営業秘密法」（Uniform Trade Secret Act）（民事）と，1996 年に制定された「連邦経済スパイ法」（Economic Espionage Act of 1996）（刑事）がある。統一営業秘密法はモデル法であり，これを基に各州は独自の州法を作成している。この他にも，法令ではないが，コモン・ローの集大成である 1993 年に策定された「第三次不正競争リステイトメント」（Restatement of the Law Third, Unfair Competition 1993）があり，各州はこれも参考にしている。

統一営業秘密法は，州統一法委員会全国会議が作成したもので，モデル法としてカリフォルニア州等の 46 州が採択している。同法は，民事上の営業秘密について規定しており，営業秘密の要件として，①非公知性，②独立した経済的価値，③秘密性保持のために当該状況の下で合理的な努力の対象となっている，という 3 要件を規定している。

一方，連邦経済スパイ法は，デジタル化の進展とともに物理的な侵害行為を伴わない形での営業秘密の窃取が容易になったことを背景に，行為者が外国政府等を利することを知って営業秘密を窃取したり，正当な権限なく複製を作成，あるいは媒体を持ち出したりする行為等や，これ以外の図利加害目的でなされた窃取等の行為が刑事罰として規定されている。

営業秘密の要件に関しては，統一営業秘密法とほぼ同じであり，①秘密性維

持のための合理的措置，②独立した経済的価値，③非公知性，の３要件が必要
とされる。ただし，統一営業秘密法では，営業秘密の非公知性について，「そ
の開示及び使用によって経済的利益を得ることができる第三者」に知られてい
ないことが要求されているが，連邦経済スパイ法は，一般公衆に知られておら
ず，また容易にアクセスできないものであれば足りるとし，営業秘密管理性の
要件を若干緩めている。

　なお，営業秘密に関しては，2016年5月11日，連邦経済スパイ法の改正と
いう形により，全米における営業秘密の統一的な保護を目的とする連邦営業秘
密保護法（Defend Trade Secrets Act：DTSA）が成立した。これにより，営
業秘密冒用事案（民事）に対しても，連邦法の管轄が与えられることになり，
営業秘密冒用事案の被害者が，州裁判所だけではなく連邦裁判所にも救済を求
めて訴訟提起できることになった。

【事例13－3】

　　A社は，東京に本社のあるAIロボットの製造・販売をしているAI企
　業である。A社には，複数の国籍の者が業務に従事している子会社がアメ
　リカにあるが，退職者も多い。そのため，退職時に，A社固有の秘密情報
　を持ち出さないように厳重に管理している。

　連邦経済スパイ法1831条は，外国政府機関が関係するスパイ行為について
規定しており，外国政府，外国の関連団体，又は外国の代理人を利することを
目的とし，又はこれを知って，一定の禁止行為によって営業秘密を窃取等する
ことを禁じている。法定刑は，50万米ドル以下の罰金，若しくは15年以下の
懲役，又はその併科である。さらに，両罰規定として，団体に1,000万米ドル
以下の罰金を科している。なお，罰金額については，不正取得者の得た利益，
又は被害者の被った損失額の2倍以下の額のいずれかを選択可能としている。

　一方，同法1832条は，個人又は企業を利するための営業秘密の窃取等を禁
じている。すなわち，営業秘密の保有者以外の者の経済的利益のために窃取等
する目的，又は保有者に損害を与えることを目的とし，又はこれを知って，一
定の禁止行為によって営業秘密を窃取等することを禁じている。法定刑は，25

万米ドル以下の罰金，若しくは10年以下の懲役，又はその併科である。さらに，両罰規定として，団体に500万米ドル以下の罰金を科している。その他，連邦経済スパイ法は，没収，秘密保護，民事手続きの仮処分，合衆国外の行為への適用を規定している。

このように，アメリカは，連邦法と州法により営業秘密に関して規定しており，連邦法が刑事法，連邦法及び州法が民事法の役割を担っている。特に，連邦経済スパイ法は，外国政府等を利する行為について規制している。同法の特色は，その適用範囲が極めて広いことから，営業秘密不正取得・使用に関して，その規制が強力であることである。例えば，不正行為が実際に外国政府に利益をもたらしたかどうか，あるいはその意図があったかどうかは問われず，不正取得者が，その行為によって，外国政府等が利益を得る可能性があることを知ってさえすれば同法が適用される。また，秘密の対象も広く，同法1839条では，形式や種類を問わず，金融，科学，技術，経済又は工学に関するあらゆる情報と定義している。

このように，アメリカは，経済情報保護政策の下，厳密な法理論による規制よりも，実際にアメリカ国内で行われている経済スパイ活動を防止するため，実効性のある立法措置を採っていると言える。この背景には，アメリカにおける中国系アメリカ人による産業スパイ事件が後を絶たないためである。ただし，同法は，取締り当局の裁量を大きく認めているため，捜査による個人のプライバシーの侵害等のおそれが多分に残ることも懸念されている。

3. EU の法規制

EU は諸外国と比べて，個人情報の保護に関して規制を強めているのが特徴であり，いち早く，クラウド・コンピューティングを視野に入れた法制度を採用している。

EU は，1995年に成立した「EU データ保護指令」（EU Data Protection Directive 95/46/EC）に基づいて個人情報を保護してきた。これは法律ではなく，あくまで「指令」（Directive）であり，各加盟国に対して個人情報を保護するための法律制定を義務付けるものであった。そのため，加盟国ごとに独自

140　第13章　情報管理

のばらばらな解釈による法律が制定され，EUで活動する企業や組織は，各国ごとに異なる法律を遵守しなければならない複雑な運営・管理が求められてきた。

これを是正するために，2016年4月14日，「EU一般データ保護規則」（EU General Data Protection Regulation：GDPR）が，欧州議会で可決され，2018年5月25日から施行された。GDPRは，EU域内の個人データをEU域外に持ち出すことを厳格に制限する法律で，EU加盟国すべてに適用された。

GDPR成立の背景には，各国間での「ばらつき」の是正のほか，クラウドのように新しいITを利用したビジネスの急進展により，個人情報の漏えいリスクが増大していることが挙げられる。

【事例13-4】

> A社は，東京に本社のあるAIロボットの製造・販売をしているAI企業である。A社は，EUでビジネスを行うため，EUのGDPRを遵守している。

GDPRでは，EUデータ保護指令の個人情報保護規制の適用範囲を拡大し，EU域外の企業についても規制が適用されるという点に特色がある。これまでの「EUデータ保護指令」ではEU域内に物理的な施設を持つ企業，組織のみが対象であったが，GDPRではそれに加え，EUの個人データを取り扱うEU域外の企業や組織も対象となった。

すなわち，EU域外の企業が，EU域内の居住者に対して商品やサービスを提供する場合に，EU域外の企業による当該居住者の個人データを処理する行為をも規制の対象とする。

これにより，EU域内の利用者だけでなく，EU域外の利用者が，EU域内の居住者に対して商品やサービスを提供するときに，クラウド事業者の第三国にあるサーバに，当該居住者の個人データを移転する場合も規制の対象となる。以下，EUデータ保護指令との対比により，GDPRの内容を整理しよう。

① 本人の明確な同意の取得

GDPR では，本人の明確な同意の取得を，より厳格化した内容としている。すなわち，EU 一般データ保護規則では，同意は明示的（explicit）で，対象者による発言（statement）又は明確に肯定的な行動（clear affirmative action）によらなければならない。例えば，「反対意見を表明しない限りは同意したものとみなす」という取扱いでは，有効な同意は得られない。

② 標準契約約款（SCC）の利用

標準契約約款（Standard Contractual Clauses：SCC）の利用については，その規制が緩和されている。SCC とは，欧州委員会が策定した個人データに関する標準契約約款である。企業は，対外的な契約の際の個人データの取扱いについて SCC を使用することができる。

EU データ保護指令では，一部の EU 加盟国では，SCC に基づいて作成された契約内容について，データ保護当局から承認を得る必要があったが，GDPR では，これが一律に不要とされた。

③ 拘束的企業準則（BCR）の作成

拘束的企業準則（Binding Corporate Rules：BCR）も，その規制が緩和された。BCR とは，企業が策定した個人データの取扱いに関する拘束的企業準則である。これも，EU データ保護指令では，EU 域内の各国のデータ保護当局から承認を受けることが必要であったが，この承認が必要とされなくなった。ただし，EU 域内の一つのデータ保護当局の承認は必要とされる。

④ 罰則規定

GDPR の特徴の一つとして，罰則規定がある。すなわち，GDPR を無視して，日本のような，「適性な水準の保護」を確保している国と欧州委員会が認めていない第三国に個人データを移転した場合は，違反したグローバル企業全体の年間総売上金額の 4%，又は 2,000 万ユーロのいずれか高い方が制裁金となり，かなり高額に設定されている。

仮にグローバルで総売上が 1,000 億円の企業の場合は，最高で 40 億円の制裁金が科される可能性がある。このように，GDPR は，その適用範囲を拡大するとともに，一部手続きを簡素化したものの，個人データの保護に関しては厳しくなったといえる。

142　第 13 章　情報管理

⑤ 報告義務

GDPR では，取り扱う個人データの漏えい等のインシデント（事件）が発生した場合は，判明後 72 時間以内に監督当局に届け出なければならない。GDPR により，グローバル企業は，72 時間以内に迅速な初期報告を行える体制を整える必要がある。

GDPR の他，EU の情報管理に関する規制としては，「未公開のノウハウ及び営業情報（営業秘密）の不正取得，使用及び開示に対する保護に関する欧州議会及び欧州理事会指令」（営業秘密の保護に関する EU 指令）（2016 年 4 月 14 日可決，同年 5 月 27 日理事会採択）がある。

これまで，EU には営業秘密の保護のための統一的な制度は存在しておらず，各加盟国において一定程度の保護がなされているが，保護の方法や内容は加盟国によって異なっているため，国境を越えた共同研究開発に支障をきたしているとの問題点が指摘されていた。これを是正するために，営業秘密の保護に関する EU 指令の採択となった。

これにより，EU 加盟国は指令の公告から 2 年以内に国内法で担保することが求められ，営業秘密の不法な取得，使用及び開示に関して，EU で統一的な保護が実現する。

主な規定内容としては，営業秘密等の定義，不正・正当とみなされる取得・使用・開示行為，濫訴への対応，出訴期間，訴訟手続における営業秘密の秘密保持，暫定措置，予防措置，本案訴訟による措置等である。

このように，日米欧で営業秘密に関する規制が新たな局面を迎えているため，グローバル企業は，最新の情報を得るとともに，これら情報の取扱いに厳重な注意を施す必要がある。

4.　クラウド・コンピューティング

クラウド・コンピューティング（cloud computing）とは，インターネット等のコンピュータネットワークを経由して，コンピュータ資源をサービスの形で提供する利用形態である。従来のオンプレミス（企業等が情報システムの設備（ハードウェア）を自社で保有し，自社の設備において運用すること）によ

4. クラウド・コンピューティング　**143**

る情報システムに対して，クラウド・コンピューティングでは，ユーザーがインターネット等のネットワークを経由して，各種のコンピューティングサービスを受けることができる。

このため，オンプレミスに比べ，運用コストは安価になるが，一方で，情報システムはもとより，各種データもクラウド・コンピューティングを提供するクラウド業者のサーバに置くため，クラウド業者に対する依存度が高くなる。

クラウド・コンピューティングの配置形態には，①パブリッククラウド（Public Cloud），②プライベートクラウド（Private Cloud），及び③ハイブリッドクラウド（Hybrid Cloud），がある。

パブリッククラウドとは，インターネット経由の一般向けサービスである。狭義のクラウド・コンピューティングはパブリッククラウドのみを指す。プライベートクラウドとは，企業等がクラウド・コンピューティング技術を使用したクラウド・コンピューティング環境を自社内に構築・設置し，イントラネット等を経由してユーザー部門が利用する形態である。ハイブリッドクラウドとは，パブリッククラウドとプライベートクラウドを組み合わせた形態である。

クラウド・コンピューティングの提供するサービスの種類による分類では，① SaaS（Software as a Service），② PaaS（Platform as a Service），及び③ HaaS 又は IaaS（Hardware/Infrastracture as a Service），がある。

SaaS は，インターネット経由のソフトウェアパッケージの提供であり，PaaS は，インターネット経由のアプリケーション実行用のプラットフォームの提供である。HaaS 又は IaaS は，インターネット経由のハードウェアやインフラの提供である。

【事例 13－5】

A社は，東京に本社のある AI ロボットの製造・販売をしている AI 企業である。A社は，システムの一部をクラウド・コンピューティング化しているが，顧客情報や技術情報などの機密性が高く重要なデータに関しては，オンプレミスのシステムを使用している。

クラウド・コンピューティングには，クラウド業者の優越的地位の濫用問

題，米国愛国者法による捜査の問題，EU の GDPR の問題，安全保障貿易管理上の問題等，いくつか法的な問題がある。

① 優越的地位の濫用問題

前述のように，情報システムだけでなく，自社の重要なデータもクラウド業者のサーバに置くため，クラウド業者に対する依存度が高くなる。そのため，相対的にクラウド業者の地位が高くなり，優越的地位の濫用が起きやすい。例えば，クラウド業者とトラブルが生じたとしても，クラウド・コンピューティングを停止されるというおそれから，対等な交渉ができない可能性が生じる。

② 米国愛国者法による捜査の問題

米国愛国者法とは，2001 年 9 月 11 日に発生した同時多発テロを契機に，2001 年 10 月に成立した捜査機関における権限の拡大等を目的にした法律である。この法律の適用によって，アメリカに設置されたサーバが捜査の対象とされやすくなった。クラウド業者のサーバがアメリカに置かれていた場合には，米国愛国者法による捜査の対象となる。

日本国内のサーバに記録されているデータを捜査するためには，裁判所が発行する令状が必要とされるのに対し，米国愛国者法では，裁判所が関与することなく，捜査機関が捜査できる。クラウド・サーバが，捜査の対象とされた場合，そのサーバを利用したクラウド・サービスの提供は，停止を余儀なくされることが考えられる。この場合，稼動保証の問題が発生することになる。

③ EU の GDPR の問題

GDPR は，EU 内の住民の個人情報を，データの保護レベルが十分ではない第三国へ移動することを禁じている。例えば，EU 内においてクラウド・サーバを設置し，ここに EU 内の住民の個人情報が蓄積されたとすると，これらデータを，違う地域のサーバに移動しようとしても，移動先の第三国のデータ保護レベルが低いと，GDPR に違反するということになるので注意が必要である。

④ 安全保障貿易管理上の問題

クラウド業者のサーバは，まさしくクラウド（雲）のように，どこに存在するかわからない。このサーバに，安全保障貿易管理上の特定技術が含まれている場合には，経済産業省の輸出許可（E/L）が必要となる可能性がある。しか

し，サーバが設置されている国・地域によって，輸出管理（E/L）の要・不要が決まるため，実質的に輸出管理（E/L）が申請できない可能性がある。このような場合，外為法違反となる事態が想定される。

5. 情報セキュリティ

情報セキュリティ（Information Security）とは，JIS Q 27002（ISO/IEC 27002）によって，情報の機密性（confidentiality），完全性（integrity），可用性（availability）を維持することと定義されている。これを情報セキュリティの三大要件という。

情報の機密性とは，情報へのアクセスを認められた者だけが，その情報にアクセスできる状態を確保することであり，完全性とは，情報が破壊，改ざん又は消去されていない状態を確保することである。また，可用性とは，情報へのアクセスを認められた者が，必要時に中断することなく，情報及び関連資産にアクセスできる状態を確保することである。

企業の情報セキュリティに関連する日本の法律としては，サイバーセキュリティ基本法，電気通信事業法，電子署名等に係る地方公共団体情報システム機構の認証業務に関する法律（公的個人認証法），特定電子メールの送信の適正化等に関する法律，有線電気通信法，電子署名及び認証業務に関する法律，電波法，不正アクセス行為の禁止等に関する法律（不正アクセス禁止法），等がある。この他，刑法や著作権法が関係してくる。

グローバル企業は，多国籍企業であるため，国・地域を越えた情報システムのインフラを整備しているところが多い。このため，情報セキュリティには万全の対策を講じる必要がある。

練習問題

1. 不正競争防止法の営業秘密について調べてみよう。
2. 新日鐵住金対ポスコ事件を調べてみよう。
3. アメリカの統一営業秘密法について調べてみよう。
4. アメリカの連邦経済スパイ法について調べてみよう。

146   第 13 章　情報管理

5. アメリカの連邦営業秘密保護法（DTSA）について調べてみよう。

6. EU の GDPR について調べてみよう。

第14章

人的資源管理

◆学習のねらい……………………………………………………………………

　「企業は人なり」という言葉があるが，人こそが企業の一番の財産であるという考え方は，世界でビジネスを展開するグローバル企業でも同じである。どの企業も，企業の継続的な成長のためには，優秀な人材の採用・育成が必要不可欠である。しかし一方で，人事面でのトラブルも多い。

　この章では，グローバル企業の人的資源管理について学習しよう。

…………………………………………………………………………………………

1. 人的資源管理

　人的資源管理とは，組織の目的を達成するために，経営資源の一つである人的資源を活用する制度を設計し，運用することである。すなわち，経営資源は一般にヒト・モノ・カネ・情報の4つの要素からなるといわれているが，人的資源管理とは，このうちのヒトに関する企業の管理（マネジメント）活動の総称である。

　このヒトに関する企業の管理活動は，かつては労務管理や人事管理という用語が使われてきたが，人的資源管理という用語の背景には，ヒトを企業の経営資源としてとらえ，如何に活用するかという経営戦略の一つの柱としてとらえるという考え方がある。そのため，グローバル企業では，企業の人事部門をHR（Human Resource）と呼ぶことが多い。

　人的資源の特徴としては，第一に，経営資源のヒト・モノ・カネ・情報の4

148　第 14 章　人的資源管理

つの要素のうち，ヒトを除く 3 要素（モノ・カネ・情報）は，ヒトが活用することによって本来の役割を果たすことができるものである。すなわち，人的資源は，経営資源の中核をなすものであるといえる。

　人的資源の第二の特徴は，モノ・カネ・情報と異なり，ヒトは生身の人間であるため，喜怒哀楽の感情をもち，また高度な思考をする主体であるという点である。このため，企業の経営者にとって，行動の自由や自律性を求めるヒトを，企業にとって有効に作用させるための組織づくりが重要となる。

　第三の特徴は，いくら機械化や人工知能（AI）化が進もうと，喜怒哀楽を有する人間という生物としての本質が大きく変わることはないため，ヒトのマネジメントに関しては，革新的な技術や手法はあまり期待できず，個別的な地道な努力又はアプローチが重要になるという点である。企業のマネジメントの中でも，人的資源管理が最も難しいと言われるゆえんである。

　特に，グローバル企業の人的資源管理も難しさは，日本のように，幼少のころから同じような教育を受け，同じ文化の中で育ち，考え方や思考が均一的な国民だけではなく，あらゆる民族や国民を人的資源として扱わなければならないところにある。考え方や感じ方が大きく違う人間が，チームの一員として，同じ職場で働けば，必ずそこに軋轢が生じる。これを，いかにマネジメントするかが重要となる。

【事例 14−1】

　A 社は，東京に本社のある AI ロボットの製造・販売をしている AI 企業である。A 社は，人材の採用に際し，多様な人間を採用するように心がけている。また，入社後は，各種の社内教育プログラムを用意し，人材の育成に力を注いでいる。

　近時，人的資源管理の中でも多様性（ダイバーシティ）（diversity）という用語が多く使われるようになったが，多様性とは，幅広く性質の異なる群が存在することである。単に，色々あるという意味ではなく，その群の中には類似性がある。一見すると多様性があることが，マネジメントにとってマイナスのように感じられるが，グローバル企業にとって，この多様性こそが重要である

といえる。

なぜなら，生物の進化の中で，多様性に優れた生物が生き延びたのであり，常時変化する環境に適応していくには，多様性に富む種の方が生き延びる確率が高くなる。これは，劇的に変化するビジネスの世界でも同じことがいえるからである。

しかし，いくら多様性が重要だからといっても，企業の中に，一定のルールが必要である。そのためには，人的資源管理の制度が重要となる。一般的には，人的資源管理制度としては，①雇用管理制度，②人材育成制度，③評価制度，④報酬制度，⑤福利厚生制度，⑥労使関係制度，等がある。

雇用管理制度とは，人員の募集・採用や部署への配置・移動，昇進の決定等に係る諸制度である。日本の終身雇用制の崩壊とともに，新規学卒者の一括採用に代え，中途採用も増えている。特に，グローバル企業は，即戦力として使える中途採用を多く採る傾向があり，また入社しても短期間で他社に移動する等，人材が流動的であるという特徴がある。

人材育成制度とは，雇用した従業員を企業にとって有益な人材へと育て上げるために教育や訓練を施すための諸制度である。例えば，新人教育，配置転換教育，昇格に伴う諸訓練，技術変化に伴う諸教育等があるが，日本に特有なものが長期の新人教育である。これは，世界のグローバル企業には見られない特色である。

評価制度とは，各従業員がいかに企業に貢献したかを評価するための諸制度であり，人事考課制度に代表される。以前の職能資格制度は，日本的経営の発展を支えたが，最近では，いわゆる成果主義人事管理へシフトしている。グローバル企業は，成果主義の傾向が強い。また，従業員の評価が定まれば，その評価に応じて賃金が支払われる。このように，評価制度と報酬制度は，表裏一体の関係にある。

福利厚生制度の代表的なものが，年金制度や雇用保険制度，健康保険制度，さらには社宅・寮，貸付制度等，従業員にとっては賃金以外の個人的利益となる諸制度がある。この福利厚生制度は，企業がいかにヒトを大事にしているかをアピールする側面も持ち合わせている。

労使関係制度は，就業規則や組合規約，労働協約等，企業と労働組合の相互

150　　第 14 章　人的資源管理

関係において形成される諸規則から成り立っている。ただし，どの企業にも労働組合があるとは限らない。特に，グローバル企業では，各国により法制度や慣習が異なり，ある国の子会社には労働組合があるが，ある国の子会社には労働組合がないということも多い。これは，企業の人員削減のときに，大いに問題となる。

2. 日本の法規制

(1) 労働契約

　日本の人的資源管理で重要なのが，労働契約法と労働三法と言われる労働法関連の法律である。労働三法とは，労働組合法，労働基準法及び労働関係調整法の 3 つの法律をいう。これら労働三法は，日本国憲法 28 条の労働基本権の理念に基づいて制定されたもので，日本の第二次世界大戦後の労使関係を規定し，対等的労使関係の基礎となっている。

　一方，労働契約法は，労働契約に関する基本的な事項を定める法律である。労働基準法が，最低労働基準を定め，罰則をもってこれの履行を担保しているのに対し，本法は個別労働関係紛争を解決するための私法領域の法律である。民法の特別法としての位置づけとしての性格を持つため，履行確保のための労働基準監督官による監督・指導は行われず，刑事罰の定めもない。また行政指導の対象ともならないという特徴を有する。

　企業が，人材を雇用する際には，労使間で雇用契約が締結される。雇用契約書は，企業によって様々であるが，絶対的記載条項が，労働基準法 15 条 1 項に規定されている。その内容は，使用者は，労働契約の締結に際し，労働者に対して賃金，労働時間その他の労働条件を明示しなければならず，この場合において，賃金及び労働時間に関する事項その他の厚生労働省令で定める事項については，厚生労働省令で定める方法により明示しなければならない，と定められている。

　すなわち，必ず書面にて最低限定められた事項の労働条件を明示しなければならず，この他，企業の就業規則で定められている事項があれば，その事項についても明示する必要がある。企業がこの内容に違反すると，労働基準法違反

となる。

　また，労働契約を締結する場合には，①労使対等の原則，②均衡考慮の原則，③仕事と生活の調和への配慮の原則，④信義誠実の原則，⑤権利濫用禁止の原則，の5原則がある（労働契約法3条）。

　労使対等の原則とは，労働者及び使用者が対等の立場における合意に基づいて締結し，又は変更すべきものとする原則である（労働契約法3条1項）。均衡考慮の原則とは，労働者及び使用者が，就業の実態に応じて，均衡を考慮しつつ締結し，又は変更すべきものとする原則である（労働契約法3条2項）。仕事と生活の調和への配慮の原則とは，労働者及び使用者が仕事と生活の調和にも配慮しつつ締結し，又は変更すべきものとする原則である（労働契約法3条3項）。信義誠実の原則とは，労働者及び使用者は，労働契約を遵守するとともに，信義に従い誠実に，権利を行使し，及び義務を履行しなければならないとする原則である（労働契約法3条4項）。権利濫用禁止の原則とは，労働契約に基づく権利の行使に当たっては，それを濫用することがあってはならないとする原則である（労働契約法3条4項）。

　また，企業側の重要な義務として，安全配慮義務がある。安全配慮義務とは，使用者は，労働契約に伴い，労働者がその生命，身体等の安全を確保しつつ労働することができるよう，必要な配慮をするというものである（労働契約法5条）。

　さらに，労働契約法には合意の原則と呼ばれるものがある。これは，労働契約は，労働者が使用者に使用されて労働し，使用者がこれに対して賃金を支払うことについて，労働者及び使用者が合意することによって成立するものとし（労働契約法6条），労働者及び使用者は，その合意により，労働契約の内容である労働条件を変更することができる，とされている（労働契約法8条）

　近時，特に話題になるのが，期間の定めのある労働契約（有期労働契約）である。有期労働契約の反復更新により，期間の定めのない労働契約と実質的に異ならない状態で存在している場合，雇止めが客観的に合理的な理由を欠き，社会通念上相当であると認められない場合は有期労働契約が更新されたものとみなされる。すなわち，使用者は有期労働契約について，やむを得ない事由がある場合でなければ，その契約期間が満了するまでの間，労働者を解雇するこ

152　第 14 章　人的資源管理

とができない（労働契約法 17 条 1 項）。

(2)　働き方改革関連法

　2018 年，働き方改革関連法案が衆参両議院で可決・成立した。働き方改革関連法の正式名称は，「働き方改革を推進するための関係法律の整備に関する法律」であり，8 本の労働関連法（雇用対策法，労働基準法，労働時間等設定改善法，労働安全衛生法，じん肺法，パートタイム労働法（パート法），労働契約法，労働者派遣法）の改正を行う法律の通称である。

　この法律の内容は，①働き方改革の総合的かつ継続的な推進（雇用対策法改正）（第 1 の柱），②長時間労働の是正と多様で柔軟な働き方の実現等（労働基準法等改正）（第 2 の柱），及び③雇用形態に関わらない公正な待遇の確保（第 3 の柱）の 3 つの柱からなる。

　第 2 の柱である，長時間労働の是正と多様で柔軟な働き方の実現等（労働基準法等の改正）では，①時間外労働の上限規制の導入，②長時間労働抑制策・年次有給休暇取得の一部義務化，③フレックスタイム制の見直し，④企画型裁量労働制の対象業務の追加，⑤高度プロフェッショナル制度の創設，⑥勤務間インターバル制度普及促進（労働時間等設定改善法改正），⑦産業医・産業保健機能の強化（労働安全衛生法・じん肺法改正），が盛り込まれている。

　また，第 3 の柱である，雇用形態に関わらない公正な待遇の確保では，①不合理な待遇差を解消するための規定（パートタイム労働法・労働契約法改正），②派遣先との均等・均衡待遇方式か労使協定方式かを選択（労働者派遣法の改正），③労働者に対する待遇に関する説明義務の強化，④行政による履行確保措置と裁判外紛争解決手続（行政 ADR）の整備，がある。

　このうち問題となったのが，高度プロフェッショナル制度である。裁量労働制は，労働基準法で「業務の遂行方法を大幅に労働者の裁量にゆだねる」と明記されているが，高度プロフェッショナル制度は，法律には明記されず省令で定められるので国会の承認が不要である。このように，条文に明記されずに省令で定める事項が，計 62 項目に上る点で法改正を経ずに，なし崩しに適用範囲が拡大しかねないという懸念がある。

　また，高度プロフェッショナル制度の年収要件を，政府は 1,075 万円以上と

2. 日本の法規制　153

説明するが，法案には「年間平均給与額の3倍の額を相当程度上回る水準」と記載されているだけで，具体的には労働政策審議会（厚労相の諮問機関）で論議し省令で決めることになる。このように，政府関連機関の裁量権が多いのが特徴であり，このようなことから，時間外規制がある現行の働き方でも違法に長く働かせる状況での高度プロフェッショナル制度導入は，過労を増やし過労死を増大させかねないという懸念がある。

(3)　整理解雇

　整理解雇という用語は，正式な法律用語ではないが，一般に，事業を継続することが困難な場合に行う人員整理としての使用者からの労働契約（雇用契約）の解除のことを指す。本来，「整理解雇」の目的は，事業の継続が思わしくないことを理由に再建策（リストラ）を行われなければならず，そのうちの一つの対策として人員整理について行うことで，事業の維持継続を図ることである。一般に普通解雇や懲戒解雇は，従業員側にその理由があるが，整理解雇は会社側の事情に基づくものである。

　労働契約法16条は，解雇は，客観的に合理的な理由を欠き，社会通念上相当であると認められない場合は，その権利を濫用したものとして無効とする，と規定している。そのため，整理解雇を行うためには，①人員整理の必要性，②解雇回避努力義務の履行，③被解雇者選定の合理性，及び④手続きの妥当性，の4つの要件（整理解雇の4要件）をすべて満たす必要がある。

【事例14−2】

> 　A社は，東京に本社のあるAIロボットの製造・販売をしているAI企業である。A社は，急激に業績が悪化し，このままでは倒産するおそれがあるため，人員の削減をせざるを得なくなった。

　人員整理の必要性とは，余剰人員の整理解雇を行うには，削減をしなければ経営を維持できないという企業経営上の高度な必要性が認められなければならないという要件である。解雇回避努力義務の履行とは，期間の定めのない雇用契約においては，人員整理（解雇）は最終選択手段であることを要求されると

154 第14章 人的資源管理

いう要件である。被解雇者選定の合理性とは，解雇するための人選基準が合理
的で，具体的人選も合理的かつ公正でなければならないという要件である。手
続の妥当性とは，整理解雇については，労働者に帰責性がないことから，使用
者は信義則上労働者・労働組合と協議し説明する義務を負うという要件であ
る。

　このように，企業で行われる整理解雇は，これら4つの要件すべてを満たす
必要があるが，近時，これを厳格な要件ではなく，考慮要素とする考え方も見
られる。

3. アメリカの法規制

　アメリカでは，各州が連邦とは別に独自の憲法を制定しており，雇用・労働
に係る諸規制においても，連邦が定めるものと州が定めるものとに分けられ
る。連邦と州の双方で重複して規制されている事項としては，労働時間，最低
賃金，家族・医療休暇，安全衛生，集団的解雇，差別禁止等がある。

　アメリカにおける連邦労働者保護法制としては，①公正労働基準法（Fair
Labor Standards Act：FLSA），②職業安全衛生法（Occupational Safety and
Health Act：OSHA），③家族・医療休暇法（Family and Medical Leave
Act：FMLA），がある。

　公正労働基準法（FLSA）は，①最低賃金，②1週間当たりの法定労働時間
を超える労働時間に対する時間外労働手当の支払い，③年少労働について規制
している。また，職業安全衛生法（OSHA）は職場における安全衛生基準を定
めている。家族・医療休暇法（FMLA）は一定条件を満たす被用者に一定の理
由による休暇取得の権利について定めている。

　このようにアメリカにも労働法関連法は存在するが，基本的に，アメリカで
は Employment at Will という考え方があり，雇用契約も社会と労働者の対等
な契約であるとする。すなわち，日本のように労使の間の雇用契約に関する強
弱という意識はなく，通常の契約と同様，両当事者の合意に基づくものであ
り，合意が維持できなければ，一方が契約を自由に解除することができる。
よって，従業員は，より良い条件で他に求人があれば転職が可能であるし，一

方で，会社も従業員も必要とあれば解雇できる。

アメリカにも，Employee Handbook という日本のような就業規則は存在するが，日本の就業規則のように，過半数労働組合（若しくは労働者代表）の意見聴取を行い労働基準監督署への届出の義務もなければ，不利益変更の制限もない。また，Employee Handbook は契約ではなく，会社は任意に内容を変更することができる。

公正労働基準法（FLSA）に関しては，そもそも労働者の保護を目的とした法律ではなく，企業間競争の公正性を確保することを目的としている。すなわち，最低賃金，時間外労働に対する割増賃金及び年少者の労働について規制を設けているのみであり，労働者を直接保護する規定はない。

例えば，日本では1日当たり8時間，週40時間という法定労働時間が定められており，これを超える場合には，36協定の届出が必要であるが，公正労働基準法（FLSA）は，法定労働時間を，週40時間を上限と定めているものの，一方で，これを超える労働に対しては，通常の賃金の1.5倍以上の率で賃金を支払われる場合は例外として認めている。なお，具体的な労働時間については，連邦労働賃金・労働時間局長の「連邦行政規則集」にその判断基準がある。

このように，アメリカの労働関連の法規制は，労働者を保護するという意味合いは希薄であり，あくまで労使間の平等な雇用契約が基本にある。アメリカは先進国の中で唯一，解雇自由が原則として考えられている。このため，アメリカ系企業では，必要以上に，毎年，早期退職プログラムと称して，人材の削減を行うところが多い。

4. EU の法規制

EU における労働法は，EU 法（EU 労働指令）と加盟国法（国内労働法）から成る二元的構造となっている。

EU には，加盟国の最低基準を規定する EU 労働時間指令（The Working Time Directive 2003/88/EC）がある。正式名称は，「労働時間の編成の一定の側面に関する欧州会議及び閣僚理事会の指令」という。EU 加盟国は，EU 労

156 第 14 章 人的資源管理

働時間指令の内容を国内法として規定する義務があるため，指令の内容は，EU における標準となっている。EU 労働時間指令は，労働者の健康と安全の保護を目的としているため，賃金等に関する規定は含まれていない。

この指令は，労働者の健康と安全衛生が，職場の経済的要求によって損なわれないよう，週労働時間や休息期間（勤務終了から次の勤務開始までの時間），年次休暇等を規定している。1 週間の労働時間の上限は 48 時間（時間外労働を含む），1 日の休息期間は 24 時間あたり最低連続 11 時間，休憩時間は加盟国の労使協定か法律により定められる。有給休暇は少なくとも年 14 週間，夜間労働は 24 時間あたり平均 8 時間までである。なお，日本の労働基準法が定める週労働時間の上限は 40 時間だが，ここには時間外労働を含まない。

非正規雇用についての EU の法制度としては，① EU パートタイム労働指令（1997/81/EC），②有期雇用指令（1999/70/EC），③派遣労働指令（2008/104/EC），がある。EU パートタイム労働指令は，差別禁止原則（principle of non-discrimination）と賃金等の比例原則（pro rata temporis）を規定している（4 条）。EU 有期雇用指令も，差別禁止原則を規定している（4 条）。EU 派遣指令も，均等待遇原則（principle of equal treatment）を挙げている（5 条）。このように，EU では，非正規雇用に関しては，差別の禁止が原則となっている。

5. ストックオプション

グローバル企業で見られるのがストックオプション（stock option）である。ストックオプションとは，株式会社の経営者や従業員が自社株を一定の行使価格で購入できる権利である。多くのグローバル企業では，この仕組みを利用して，従業員に仕事に対するやる気を持たせることがあるが，一般に，このような従業員向けのものを employee stock option という。

【事例 14−3】

A 社は，東京に本社のある AI ロボットの製造・販売をしている AI 企業である。A 社は，従業員に仕事に対するやる気を持たせるため，賞与の

他に，一定の業績を上げた者に対してストックオプションの制度を導入した。

　例えば，ある一定期日に，自社株 1,000 株を 1,000 円で購入する権利を与えられたとする。この時点では，株の代金は支払う必要はない。その後，株価が推移し 1 株 1,500 円になったとする。この時，すべての株を売却すれば 1,000 株×1,500 円＝1,500,000 円が手に入る。ここから株の購入代金である 1,000 株×1,000 円＝1,000,000 円を差し引けば，500,000 円が利益として手元に残る。

　なお，株価が高くならなければ，株の売却の権利行使をしないだけなので，従業員等としては，メリットがある。また，国内企業が国内の従業員等に与えているストックオプションは，原則として「給与所得とする」と税法上定められている。

6. ハラスメント

　ハラスメントとは，嫌がらせや相手を不快にさせることをいう。企業で人が一緒に働く以上，この問題はつきまとう。特に，企業で多いのが，パワーハラスメント（パワハラ）とセクシュアルハラスメント（セクハラ）である。

　パワハラとは，同じ職場で働く者に対して，職務上の地位や役職等の優位性を背景に，適正な業務の範囲を超えて精神的，身体的苦痛を与えることである。特に，上司から部下，先輩から後輩に対して行われることが多いが，人間関係上優位性を持った部下から上司に行われるケースもある。具体的には，叩く，殴る，蹴る等の身体的な攻撃から，一人だけ別室に席を移される，通常業務でない草むしりばかりやらされる，同僚の目の前で執拗に叱責される等の行為がある。

　セクハラとは，性的いやがらせのことである。男性，女性にかかわらず行われるものがあるが，主に，男性から女性に行われるものが多い。セクハラは，対価型セクハラと環境型セクハラに分けられる。

　対価型セクハラは，職場や学校における立場や上下関係を利用して，下位にある者に対する言動を強要するもので，「性的な要求を受け入れれば高評価を

158　第 14 章　人的資源管理

与える，昇進させる」「言うことを聞かないなら辞めてもらう，異動させる」
等がある。

【事例 14－4】

A 社は，東京に本社のある AI ロボットの製造・販売をしている AI 企業である。A 社は，甲国の子会社で，セクハラ事件を起こし，それが甲国内で広まり，甲国内では，A 社製品の不買運動がおこった。

環境型セクハラは，はっきりした不利益を伴わなくても，性的な言動を繰り返すことで働く環境を悪化させるものである。抱きついたり胸を触ったり，女性にお酌を強要したり，女性に対して結婚や出産のことを尋ねる，等もセクハラに含まれる。

この他，ハラスメントとしては，モラルハラスメント（モラハラ），ソーシャルハラスメント（ソーハラ）等があるが，企業としては，これらのハラスメントを起こさせないような職場環境作りと社員教育が重要である。特に，グローバル企業は，海外でのハラスメントに多額の賠償金を請求されることがあるので，徹底した対策が必要である。

7.　障害者雇用

グローバル企業は，概して障害者雇用に積極的である。日本では，従業員が一定数以上の規模の事業主は，従業員に占める身体障害者・知的障害者・精神障害者の割合を「法定雇用率」以上にする義務がある（障害者雇用促進法 43 条 1 項）。民間企業の法定雇用率は 2.2％であり，従業員を 45.5 人以上雇用している企業は，障害者を 1 人以上雇用しなければならない。

なお，障害者を雇用するためには，健常者の雇用に比べて一定の経済的負担を伴うことから，障害者を多く雇用している事業主の経済的負担を軽減し，事業主間の負担の公平を図りつつ，障害者雇用の水準を高めることを目的とする障害者雇用納付金制度がある。

アメリカには，差別禁止法，リハビリテーション法（Rehabilitation Act of

1973)，障害をもつアメリカ人法（Americans with Disabilities Act of 1990)
等があり，障害者雇用を促進している。

練習問題

1. 労働契約法及び労働三法（労働組合法，労働基準法，労働関係調整法）について調べてみよう。
2. 働き方改革関連法について調べてみよう。
3. 整理解雇で訴訟になったケースについて調べてみよう。
4. セクハラで訴訟になったケースについて調べてみよう。
5. EU労働時間指令（2003/88/EC）について調べてみよう。
6. 具体的なストックオプション制度を調べてみよう。
7. 諸外国の障害者雇用制度について調べてみよう。

第 **15** 章

コーポレート・ガバナンス

◆学習のねらい‥‥‥‥‥‥‥‥‥‥‥‥‥‥‥‥‥‥‥‥‥‥‥‥‥‥‥‥

　企業不祥事が後を絶たないが，これらはすべてコーポレート・ガバナンス（企業統治）（Corporate Governance：CG）に関わる問題である。コーポレート・ガバナンスとは，企業の不正行為をいかに防ぐかという問題とともに，企業の長期的な企業価値の増大を目的とする企業経営のあり方を問う問題である。

　この章では，グローバル企業にとって重要なコーポレート・ガバナンスについて学習しよう。

‥‥‥‥‥‥‥‥‥‥‥‥‥‥‥‥‥‥‥‥‥‥‥‥‥‥‥‥‥‥‥‥‥‥‥‥

1. コーポレート・ガバナンスとは

　コーポレート・ガバナンスとは，一般に，企業の不正行為の防止と競争力・収益力の向上を総合的にとらえ，長期的な企業価値の増大に向けた企業経営の仕組みをいう。すなわち，コーポレート・ガバナンスとは，企業の適切で健全な会社経営のあり方である。

　特に，グローバル企業は，世界のいたるところに子会社，営業所，生産拠点等を置くため，グローバル企業又はグループ企業全体の適切で健全な企業経営は，非常に重要な課題の一つである。国や地域をまたがるこれらの営業拠点を統括し，適切かつ健全な経営を行うことができるかどうかは，企業の経営者の力量にかかっていると言っても過言ではない。

1. コーポレート・ガバナンスとは　　**161**

　ところが，企業の不祥事は絶えることがないのが実情である。この原因の一つが，企業，特に株式会社の構造上の問題にあるということができる。株式会社の巨大化及び多国籍化が進むにつれて，経営と所有の分離が明確になってきている。すなわち，会社法上，株主が会社の真の所有者であるにもかかわらず，株主は，その数の多さから直接会社の経営に携わることはなく，会社の経営者である取締役に，その経営を委任する。このため，実際に会社を経営する経営者に権力が集中しやすくなり，特に，社長や会長といった経営トップが，独断ですべてを決めてしまうという企業体質を作りやすくするという点を指摘することができる。

　これは，経営学でいうところのエージェンシー理論（Agency Theory）に当てはめることができる。すなわち，経済主体（プリンシパル）とその主たる経済主体のために活動する代理人（エージェント）の間の契約関係をエージェンシー関係と呼び，両者の関係の原理がエージェンシー理論である。株式会社では，プリンシパルが会社の所有者である株主であり，エージェントが経営者ということになる。エージェント（経営者）はプリンシパル（株主）の利益を最大化するように行動するよう期待されるが，両者の利害はかならずしも一致しない。ここに，そもそもの企業不祥事の原因がある。

【事例 15−1】

> 　A 社は，東京に本社のある AI ロボットの製造・販売をしている AI 企業である。A 社は，代表取締役会長のルビー，代表取締役社長のサファイヤ，取締役副社長のエメラルド，専務取締役のガーネット，その他常務取締役が 2 人，取締役が 3 人で取締役会を構成しているが，取締役副社長のエメラルド以下すべての取締役が代表取締役会長のルビーの強い推薦によって取締役になった者ばかりである。

　会社法には取締役会の組織内部についての具体的な記述はないが，現実問題として，会社の取締役会といっても，フラットな平等な組織ではなく，一般に大企業では，代表取締役を頂点とするピラミッド構造である。役職名は会社によって異なるが，会長，社長，専務取締役，常務取締役，ヒラの取締役，とい

162　第15章　コーポレート・ガバナンス

う歴然とした階層構造があり，会長や社長が絶大な権限を持つことが多い。

　特に，これらは複雑な人間関係に縛られていることが多く，部長級の従業員から取締役に上がるには，会長や社長の強い推薦が必要である。そうなると，必然的に取締役会は親分子分の人間関係を呈するようになり，誰も会長や社長の言うことに逆らえない風潮がまん延する。

【事例 15－2】

> 　A社は，東京に本社のある AI ロボットの製造・販売をしている AI 企業である。A社は，絶大な権力を持つ代表取締役会長のルビーが，取締役会で，経理担当取締役のパールに粉飾決算を示唆したが，他の取締役は誰もそれに異を唱える者がいなかった。

　取締役という役職は，一般の会社員にとって「あがり」のポジションであり，せっかく手に入れた取締役のポジションを，自分をここまで引き立てて取締役にしてもらった会長や社長に逆らうことによって失いたくないというのは人間の自然な考え方である。

　このように，取締役及び取締役会が，絶大な権力を持つ経営トップに対して，不正をただす能力がなくなった場合には，会社の経営や意思決定が個人の独断で行われ，誤った経営判断に対する責任の明確化や修正が行われなくなるだけでなく，企業不祥事に発展する可能性がある。例えば，東芝不正会計処理事件やオリンパス事件も，絶大な権力を持つ経営トップが引き起こした事件である。

2．コーポレート・ガバナンスの目的と変遷

　コーポレート・ガバナンスの目的は，企業不祥事を防止することが第一に挙げられるが，これとともに企業の収益力を強化することが挙げられる。すなわち，企業不祥事の防止が，持続可能で健全な企業経営をもたらし，それによって企業の収益力が強化できるという考えに基づくものである。なお，これは一面的な見方だけでなく，社会全体から見た場合と，投資家から見た場合のコー

ポレート・ガバナンスの目的やあり方によって若干違いがある。

以前から，企業の非倫理的・非人道的な行動が指摘されてきたが，コーポレート・ガバナンスの重要性は，1960年代のアメリカにおいて議論され始めた。

特に，企業の不祥事が相次いだことや企業買収（M&A）の多発等から，投資家からコーポレート・ガバナンスに対する厳しい指摘がなされ，いかに企業を適切かつ健全に統治するかについての議論が活発になった。

コーポレート・ガバナンスにとって大きな転機となったのが，イギリスで起きたマックスウェル事件である。1991年11月，イギリスのメディア王と呼ばれたマックスウェル・グループのオーナー，ロバート・マックスウェル（Robert Maxwell）が急死したことにともない，マックスウェル・グループの大規模な粉飾決算や不正な相場操縦が明らかになった。

また，MCC（Maxwell Communication Corporation）及びMGN（Mirror Group Newspapers）両社からの3億3千万ポンドの横領，従業員の年金基金からの4億5千万ポンドの流用が明らかとなり，メディア業界最大手のマックスウェル・グループが倒産した。このため株主たちが巨額の損失を蒙っただけでなく，元従業員の約5千人の年金の約70％が支給不能になり，大きな社会問題に発展した。

この事件により，会社機関の監視・監督機能のみならず，マックスウェルの不正と暴走を防止できなかった監査法人，年金基金の受託者，機関投資家，関係金融機関，監督官庁の責任が大きく問われることになった。この事件は，イギリスだけでなく，世界中に大きな衝撃をもたらした。

アメリカでも大きな事件が起きた。2001年，当時売上高全米7位の巨大企業であるエネルギー総合商社のエンロンが起こした粉飾決算事件である。2000年に，巨額の不正経理・不正取引による粉飾決算が明るみに出て，2001年12月に破綻に追い込まれた。このエンロンの倒産は，世界中に衝撃を与えた。これをエンロンショックという。破綻時の負債総額は少なくとも310億米ドル，簿外債務を含めると400億米ドルを超えていたのではないかとも言われている。

エンロンでは，取引損失を連結決算対象外の子会社（Special Purpose Company：SPC）に付け替えて簿外債務とすることも積極的に行われた。いわゆ

164 第15章 コーポレート・ガバナンス

る「飛ばし」である。この操作はエンロンの外部監査法人であり，全米有数の会計事務所であったアーサー・アンダーセンや顧問法律事務所も，違法プロジェクトの遂行や粉飾決算に加担していたという悪質なものであった。このため，世界四大監査法人であったアーサー・アンダーセンの信用が失墜し，最終的には廃業に追い込まれた。

　その翌年の2002年には，アメリカの大手通信事業者であるワールドコムが連邦倒産法11条（Chapter 11）適用の申請を行い，事実上経営破綻した。この原因は，1999年から2002年5月にかけて，ワールドコムは自社株の価格を下支えするため，自社の成長性と収益性を良く見せかけ，実際の財務状況を隠蔽する粉飾会計を行っていたことである。負債総額は410億ドル，資産総額は連結ベースで1,070億ドルにのぼり，2001年に破綻したエンロンを大きく超えた。2008年に経営破綻した投資銀行のリーマン・ブラザーズに抜かれるまで，アメリカ史上最大の経営破綻となった。

　このように，企業の不正会計及び粉飾決算が明るみになったことにより，巨大企業が倒産するという事態に追い込まれ，改めてコーポレート・ガバナンスのあり方が問われることとなった。

　日本でも，コーポレート・ガバナンスの欠如による企業不祥事が多発した。企業不祥事は，①不正会計，②会社資産の不正流用，③情報の不正使用，④その他の意図的なコンプライアンス違反，⑤その他，の5つに大別することができるが，この中で最も多いのが①の不正会計である。

　比較的最近起きた企業不祥事では，2017年のゼネコン4社によるリニア中央新幹線建設工事事件，2016年の三菱自動車のカタログ燃費の詐称及び不正計測発覚後の再測定における燃費詐称，2015年の旭化成建材の杭打ち工事のデータ改ざん，同年の東芝の長期に及ぶ不適切会計，東洋ゴムの免震パネル，防振ゴム等，試験データ偽装，等がある。これらはいずれも適切かつ健全な企業統治を逸脱した事件であり，コーポレート・ガバナンスの難しさを物語っている。

3. 日本のコーポレート・ガバナンス

　日本では，1990 年代のバブル経済の崩壊が大きな転機となった。企業不祥事の発生，外国人投資家の持ち株比率の高まり，機関投資家の積極的な発言等を背景に，コーポレート・ガバナンスが急速に注目されるようになった。日本の会社法は，伝統的に代表取締役等の業務執行を監督する機能は取締役会と監査役とが独立して担うことになっているが，1974 年以降，業務執行の監督機能強化の視点から，一貫して監査制度の拡充に向けた法改正が行われてきたという経緯がある。

　2001 年の商法改正では，監査役の独立性を強化するため，監査役任期の 4 年への伸長，全監査役の半数以上を社外者とすることの義務付け，社外監査役は過去に一度も会社及び子会社の役員や使用人でなかった者でなければならないこと等が規定された。また，2002 年の商法改正においても，商法特例法上の大会社（資本金 5 億円以上，又は負債総額 200 億円以上の株式会社）及びみなし大会社（資本金 1 億円超で大会社でないものであって，監査等に関する特例の適用を受ける旨の定款の定めのある株式会社）に対して，従来の監査役制度とは別に，アメリカ型の委員会等設置会社制度が新設され，株主総会の承認を経て，両者を選択できるようになった。

　監査役は，会計監査人選任に関する拒否権を有しているが，2006 年の新会社法では，会計監査人の報酬に関する拒否権も与えられた。この他，新会社法は，大会社に対して，株式会社の業務の適正を確保するための体制（内部統制システム）の取締役会決議を義務付けるとともに，その開示を要求した。

　また，証券取引法（現金融商品取引法）においても，有価証券報告書の「提出会社の情報」において，「コーポレート・ガバナンスの状況」の項目が新設され，会社の機関の内容や内部統制システムの整備の状況，リスク管理体制の整備の状況，役員報酬・監査報酬の内容等の開示が義務付けられた。

　このように，一連の法改正によって，コーポレート・ガバナンスが強化されつつあるが，2015 年 3 月に金融庁と東京証券取引所が「コーポレートガバナンス・コード」を公表した。これは，上場企業が守るべき企業統治の指針であ

166　第 15 章　コーポレート・ガバナンス

る。

【事例 15－3】

A 社は，東京に本社のある AI ロボットの製造・販売をしている AI 企業である。A 社は，コーポレートガバナンス・コードを基に，A 社内の企業統治の実態を調査し，是正することにした。

　コーポレートガバナンス・コードは，株主がその権利を適切に行使することができる環境の整備を行うこと等を定めたもので，その実施を一律に義務付けるものではない。しかし「コンプライ・オア・エクスプレイン」（Comply or Explain）の原則により，何らかの事由でそれを実施（コンプライ）しない場合は，投資家にその理由を説明（エクスプレイン）することが求められる。

　コーポレートガバナンス・コードの基本原則は，「株主の権利・平等性の確保」「株主以外のステークホルダー（利害関係者）との適切な協働」「適切な情報開示と透明性の確保」「取締役会等の責務」「株主との対話」の 5 つである。取締役会については，社外取締役を 2 人以上置き，社外の意見を反映しやすくすることが求められる。特に，グローバルに事業展開する企業では 3 分の 1 以上を社外取締役とするよう促す等，合理的で公正な企業統治が行われることが要求される。

　なお，コーポレートガバナンス・コードは，2018 年 6 月に改正された。5 つの基本原則には変わりはないものの，コードの第 3 章「考え方」において，「非財務情報」に，いわゆる ESG 要素（第 17 章参照）に関する情報が含まれることを明確化した。

　なお，コーポレートガバナンス・コードとともに，投資する側のスチュワードシップ・コード（資産運用受託者としての責任ある行動）がある。スチュワードシップ・コードとは，金融機関による投資先企業の経営監視等，コーポレート・ガバナンス（企業統治）への取り組みが不十分であったことが，リーマン・ショックによる金融危機を深刻化させたとの反省に立ち，イギリスで 2010 年に金融機関を中心とした機関投資家のあるべき姿を規定したガイダンス（解釈指針）のことである。

4. 海外のコーポレート・ガバナンス　167

2014年，金融庁が，このイギリスのスチュワードシップ・コードを参考に，生命保険会社や年金資金運用法人等の機関投資家が，投資先企業の株主総会等にどのような態度で臨むべきかを定めた行動原則を作成したのが日本版スチュワードシップ・コードである。なお，日本版スチュワードシップ・コードは機関投資家について，親会社や取引先等との利益相反を回避するため，議決権行使を監督する第三者委員会設置等，明確な方針をつくり，かつ公表する，等の7つの原則を定めている。

コーポレートガバナンス・コードとスチュワードシップ・コードは，企業価値の向上を促す車の両輪とされている。

4. 海外のコーポレート・ガバナンス

コーポレート・ガバナンスの重要性は，世界各国でも同じように議論された。中でも，OECD は，1996年の閣僚理事会での要請により，コーポレート・ガバナンスに関する経済諮問グループを設置し，国際的コーポレート・ガバナンス問題に取り組むことになった。その結果，OECD は，1998年4月，特別プロジェクト・チームを設置して「OECD コーポレート・ガバナンス原則」の作成に当たらせ，1999年5月閣僚理事会でこれを承認した。

OECD コーポレート・ガバナンス原則では，①株主の権利の保護，②すべての株主の公正な取扱い，③利害関係者の権利の認識とコーポレート・ガバナンスへの参加，④情報開示と透明性の確保，⑤取締役会の責任という5つの原則を挙げている。

OECD コーポレート・ガバナンス原則は，政府間組織の主導によって初めて作成されたコーポレート・ガバナンスに関する原則であるが拘束力はない。しかし，各国政府や民間部門が基準として利用できることを期待したものである。その後，2004年に改訂版が発表されている。

また，1995年，アメリカをはじめとする各国の機関投資家によってインターナショナル・コーポレート・ガバナンス・ネットワーク（International Corporate Governance Network：ICGN）が組織された。その後，1999年7月，OECD コーポレート・ガバナンス原則を世界中の企業や投資家によって

168　第15章　コーポレート・ガバナンス

受け入れられる最低及び共通の基準としながらも，更にこれを拡充したグローバル・コーポレート・ガバナンス原則を採択した。

(1)　アメリカ

　世界の中でも活発な動きを見せているのがアメリカである。2001年12月にエンロン，2002年7月にワールドコムが相次いで倒産し，多額の粉飾決算が判明したことで，アメリカの資本市場に対する信頼が崩れ，会計，監査及びコーポレート・ガバナンスに対する不信感が高まったが，それ以前にも，企業不祥事は多発していた。

　1970年代では，ペン・セントラル鉄道の倒産，ロッキード・エアクラフト社の経営危機に際して，粉飾決算やインサイダー取引が行われていたことが発覚した。1980年代には，アメリカで大規模な企業買収（M&A）が進み，企業の経営者は証券市場で敵対的買収の危険にさらされるようになった。一方で，敵対的買収を防ぐために，多くの企業でポイズン・ピル（毒薬条項）等の買収防衛策がとられるようになった。

　1980年代になると，年金基金等の機関投資家の発言権が強くなり，コーポレート・ガバナンスの上で大きな役割を果たすようになった。中でも，指導的な地位を有している機関投資家が，カルパース（カリフォルニア州公務員退職年金基金）（The California Public Employees' Retirement System：CalPERS）である。

　このような動きの中で，1974年の従業員退職所得保障法（Employee Retirement Income Security Act：ERISA法）によって，年金運用者の受託責任が定められた。また，1988年に労働省が出したエイボン・レター（Avon Letter）によって，資産運用を受託した機関投資家は委託者に代わって運用対象となっている企業の議決権を行使するよう勧告された。これらによって，年金基金等の機関投資家は，株式運用に当たって株主価値の増大を強く意識するようになり，企業に対して利益向上への強い要求をするようになった。

　特筆すべき法改正としては，エンロン事件を契機に作られたサーベンス・オクスリー法（SOX法）（Sarbanes-Oxley Act）である。SOX法は，2002年に成立した法律で，米国政府が，企業で相次ぐ会計不祥事に向けて制定した企業

改革のための法律である。正式な名称は Public Company Accounting Reform and Investor Protection Act of 2002（上場企業会計改革及び投資家保護法）という。法案を提出したポール・サーベンス（Paul Sarbanes）上院議員とマイケル・G・オクスリー（Michael G. Oxley）下院議員の名前により，Sarbanes-Oxley Act と呼んでいる。

(2) イギリス

イギリスでは，マックスウェル事件を契機として，エイドリアン・キャドバリー卿（Sir Adrian Cadbury）を委員長とする「コーポレート・ガバナンスの金融的な諸側面に関する委員会」（キャドバリー委員会）が組織され，コーポレート・ガバナンスのあり方について議論がされた。その結果，同委員会が1992年に公表した報告書では，取締役会の会長と CEO の兼務は望ましくないこと，取締役会の下部に監査・報酬・指名に関して実効性のある委員会を設置する必要があること等を提言した。

その後，1995年にグリーンブリー報告書，1998年にハンペル報告書・統合規範等が提出され，コーポレート・ガバナンスの原則が示され，企業はこれらの報告書を基に，自主的なコーポレート・ガバナンスに対処している。

なお，アメリカ型のコーポレート・ガバナンスと異なり，取締役会の会長と CEO を別の人物が担うのが一般的である。一方で，取締役会の構成は社内出身者が過半数を占めている場合が多い。

練習問題

1. イギリスのマックスウェル事件について調べてみよう。
2. アメリカのエンロン事件について調べてみよう。
3. 東芝の不正会計処理事件と，オリンパスの粉飾決算事件について調べてみよう。
4. コーポレートガバナンス・コードについて調べてみよう。
5. スチュワードシップ・コードについて調べてみよう。

第 16 章

紛争解決

◆学習のねらい……………………………………………………………

　ビジネスには，リスクがつきものである。リスクのないビジネス等はない。
そのため，グローバル企業は，世界でビジネスを展開している以上，いたると
ころでトラブルや訴訟のリスクに晒されているといえる。

　この章では，グローバル企業の紛争解決について学習しよう。

…………………………………………………………………………………

1．準拠法と国際裁判管轄

　準拠法（governing law）とは，国際私法によってある単位法律関係（国際
私法の観点から一つの単位として取り扱われる私法関係）に対して適用すべき
ものとして指定された一定の法域における法（私法体系）のことをいう。言い
換えるなら，国際私法により連結素を媒介として指定され，ある問題に適用さ
れることとされる法律のことである。

　なお，連結素とは，一つの準拠法を選択すべきひとまとまりのものとされた
法律関係を構成する要素のうちで，類型的にみて，当該法律関係に最も密接に
関係する法秩序を選び出すことのできる要素のことである。

　企業間の商取引の場合，契約書に準拠法の記載をすることが多いが，契約上
何らかのトラブルが発生した場合，契約書上の解釈は，基本的に準拠法条項で
指定された国の法律となる（合意管轄）。このように契約書の中に準拠法が記
載されている場合は，問題はそれほど大きくはないが，問題となるのは不法行

為が発生した場合である。

　例えば，日本国民が，甲国滞在中に，乙国民が運転する自動車にはねられて重症を負った場合を考えてみよう。日本国民が，その事実を原因とする損害賠償請求訴訟を日本の裁判所に提起した場合，裁判所は，不法行為に基づく債権の成立及び効力については，法廷地である日本の国際私法の法源の一つである法の適用に関する通則法17条に基づき，「加害行為の結果が発生した地の法」として指定される甲国法上の不法行為法を適用して裁判をする必要がある。すなわち，不法行為に基づく債権の成立及び効力という単位法律関係についての準拠法は甲国法である。

　裁判管轄（jurisdiction）とは，国家の裁判権の存在を前提として，その裁判権の裁判所間における分担に関する管轄をいう。特に，民事手続において，手続きが提起された国の裁判所が当該事件を取り扱うことができることをいう。なお，管轄のある裁判所を管轄裁判所という。

　国の司法権に基づき裁判を行う権限である裁判権の行使は，国の主権に属するものであるため，各国の裁判所が，国内法を適用して自国が裁判管轄を有するかどうかを判断することになる。ただし，EUでは構成国の国際裁判管轄を定める規則がある。また，民間航空運送に関するワルソー条約は，日本を含む多くの国が締約国となっており，これらによって裁判管轄が決定できる。

　そもそも，ある国の裁判所が裁判管轄を有するためには，その国の司法機関に裁判権が存在することが前提であり，国際法により当該国の裁判権が制限されている場合には，裁判管轄は発生し得ない。このような裁判管轄の前提となる裁判権が否定される場合としては，治外法権と主権免除（sovereign immunity）がある。

　なお，治外法権とは，外交官や領事裁判権が認められた国の国民について，本国の法制が及び，在留国の法制が（立法管轄権を含めて）一切及ばないとされたことをいう。また，主権免除とは，国際民事訴訟において，被告が国又は下部の行政組織の場合，外国の裁判権から免除されるという国際慣習法の一つである。

172 第16章 紛争解決

(1) 日本の裁判管轄

　日本では，長年，国際裁判管轄に関する明文の規定がなく，民事訴訟法における土地管轄規定を利用して国際裁判管轄の有無が判断されていたが，2011年に民事訴訟法及び民事保全法が一部改正され，それぞれにおいて国際裁判管轄の規定が明文化された。

　管轄については，民事訴訟法等に種々の規定が設けられているが，これらの法律が直接定める管轄のことを法定管轄という。法定管轄は，さらに職分管轄，事物管轄，土地管轄の3種類に分けられる。

　職分管轄とは，裁判所には性質の異なる各種の役割（司法作用）が与えられているが，これらを，機能を異にする裁判所に配分する定めのことをいう。すなわち，どの種類の手続きを，どの種の裁判所に担当させるかの定めである。例えば，わが国は三審制を採用しているが，第一審は簡易裁判所又は地方裁判所，第二審は地方裁判所又は高等裁判所，第三審は高等裁判所又は最高裁判所とする管轄の定め（審級管轄）は，職分管轄の一種である。

　事物管轄とは，第一審の訴訟手続を，同じ管轄区域内の簡易裁判所と地方裁判所とで，どちらに担当させるかの定めのことをいう。例えば，事物管轄については，簡易裁判所は訴訟の目的の価額（訴額）が140万円を超えない請求につき管轄権を有し，地方裁判所は訴額が140万円以上の請求につき管轄権を有するのを原則としている。不動産に関する訴訟については，訴額が140万円を超えない場合であっても，簡易裁判所及び地方裁判所の双方が管轄権を有するものとされている。

　土地管轄とは，全国各地に同種類の第一審裁判所（簡易裁判所又は地方裁判所）があるところ，特定の区域に関係する事件をどこの裁判所が担当するかについての定めのことをいう。この土地管轄規定を基に，国際裁判管轄の有無を決定してきた。

　改正民事訴訟法では，一般原則として，法人その他の社団又は財団に対する訴えについて，その主たる事務所又は営業所が日本国内にあるとき，事務所若しくは営業所がない場合又はその所在地が知れない場合には代表者その他の主たる業務担当者の住所が日本国内にあるときは，管轄権を有するとされる（民訴法3条の2第3項）。

1. 準拠法と国際裁判管轄　**173**

　上記の一般原則に加え，業務に関する訴えの管轄として，日本国内に事業所又は営業所を有する者に対する訴えで，その事務所又は営業所における業務に関するものは，日本の裁判所に管轄が認められた（民訴法3条の3第4号）。また，日本において事業を行う者に対する訴えについては，その訴えがその者の日本における業務に関するものである場合には，日本の裁判所に管轄が認められた（民訴法3条の3第5号）。

　契約上の訴えに関する管轄に関しては，債務の履行地が日本国内にある場合には，日本の裁判所に管轄が認められる。また，契約において選択された法律によればその履行地が日本国内になる場合にも，日本の裁判所に管轄が認められる（民訴法3条の3第1号）。

　この他に，改正民事訴訟法では，財産の所在地（民訴法3条の3第3号及び第11号），不法行為地（民訴法3条の3第8号），消費者契約に関する管轄（民訴法3条の4第1項及び3条の2），労働契約に関する管轄（民訴法3条の4第2項及び3条の2）についても，日本に管轄権を認めている。

　以上のように法律で管轄が規定されているほか，管轄に関して当事者間で合意がされている場合には，原則としてその合意のとおり管轄が認められる（民訴法3条の7第1項）。ただし，その合意は原則として書面によることが必要である（民訴法3条の7第2項）。

【事例 16−1】

　A社は，東京に本社のあるAIロボットの製造・販売をしているAI企業である。A社は，甲国のB社とAIロボットの売買契約を締結することになったが，その中で，契約の準拠法を乙国法とし，裁判管轄を乙国のC地方裁判所とすることにした。

　応訴管轄の場合も，日本の裁判所に管轄が認められる（民訴法3条の8）。なお，応訴管轄とは，民事につき訴えの提起のあった当該裁判所において，相手方が管轄を問題とせずに訴訟に応じた場合，専属管轄外でない限りは当該裁判所に管轄が発生することをいう（民訴法12条）。

　このように，原則として，管轄に関して当事者間で合意がされている場合に

174　第16章　紛争解決

は，その合意のとおり管轄が認められるが，例外として，①裁判権を行使でき
ない国の場合（民訴法3条の7第4項），②消費者契約に関する紛争の特則
（民訴法3条の7第5項），及び③労働関係に関する紛争の特則，の3つがあ
る。

(2)　アメリカの裁判管轄

　アメリカの法システムは，連邦法と州法の二重構造をもつ。アメリカは独立
した50の州の連邦国家であることから，州の権限が強く，各州は独自の法体
系をもつ。連邦法は，各州が連邦政府に移譲した一部の権限に基づくものであ
り，その権能は一部に限られる。

　アメリカの法システムが，連邦法と州法の二重構造をもつため，裁判制度も
二重の法廷制度をもつ。すなわち，州の裁判制度としては50州の裁判制度と，
連邦政府の管轄区のコロンビア特別区の裁判制度がある。また，州の裁判制度
とは別に連邦の裁判制度が存在する。

　アメリカの裁判所が，合意管轄以外で，州外の企業や外国企業に対して，裁
判管轄を持つためには，事物管轄権（subject matter jurisdiction）と対人管
轄権（personal jurisdiction）を考える必要がある。

　アメリカは州ごとに異なる法システムと裁判制度をもち，また連邦も独自の
法システムと裁判制度をもっているので，どの裁判所がどのような事件につい
て裁判権を有するかが問題となる。

　これに対して，合衆国憲法3条は，以下の4項目に関する事項を連邦の司法
管轄権と規定している。

① 連邦問題

　合衆国憲法，連邦法，条約等の解釈に関連した事件，及び合衆国憲法1条8
節に規定する項目に関連した事件

② 州籍相違

　某州の市民と他州の市民との間の事件等，州をまたがるような州際問題に
関する事件で，かつ訴額が75,000米ドルを超える事件

③ 海事事件

④ 合衆国が原告又は被告となる事件

これらのいずれかに該当すると，州裁判所ではなく連邦裁判所に管轄権があるとされ，連邦裁判所が専属的に事件を扱う。これら以外は，すべて州の裁判所で扱うことになる。

なお，不法行為の場合，各州が規定するロングアーム法がある。一般的には，被告となる者がその州に所在していなくても，被告がその州に最小限度のコンタクト（Minimum contact）及び合理性（Reasonableness）がある場合には，当該州の裁判所に裁判管轄が認められるとするものである。その州には所在しない者にまで腕を伸ばして裁判に取り込むところから，ロングアーム法と呼ばれる。

(3) EU の裁判管轄

EU の裁判管轄に関しては，EU は，ブラッセル体制を敷いている。ブラッセル体制とは，民事及び商事に関する渉外紛争について裁判管轄等を定める EU 諸国間の条約等の総称である。この体制は，ブラッセル条約，ルガノ条約，及びブラッセルＩ規則から形成されており，これらは，事件を審理すべき管轄区域を定める詳細な規則を含むとともに，外国においてなされた裁判の承認・執行をも規定している。

ブラッセル条約は，正式名称を「民事及び商事事件における裁判管轄及び裁判の執行に関する条約」（Convention on jurisdiction and the enforcement of judgments in civil and commercial matters）といい，裁判管轄の規則を統一し訴訟競合を予防することにより，経済効率を高め，市場の統一を促進するため，1968 年に EU の加盟国により締結された条約である。ルガノ条約の正式名称は，ブラッセル条約と同一であり，内容もほぼ同一である。

ブラッセルＩ規則は，正式には「民事及び商事事件における裁判管轄及び裁判の執行に関する 2000 年 12 月 22 日の理事会規則（EC）44/2001」（Council Regulation（EC）No 44/2001 of 22 December 2000 on jurisdiction and the recognition and enforcement of judgments in civil and commercial matters）という。この規則は，通称，Brussel Regulation と呼ばれる。

ブラッセルＩ規則は，EU の全加盟国について直接適用されるため，EU 内では，ブラッセル条約とルガノ条約の大部分がこの規則によって置き換えられ

176 第16章 紛争解決

た。ブラッセルⅠ規則の内容は，ブラッセル条約と一部異なるものの変更点は
少ない。なお，この規則は，2002年3月1日に発効した。

　ブラッセルⅠ規則では，例えば，企業が甲国でビジネスを行っている場合，
甲国の消費者は甲国で訴訟を提起することができる。また，企業の所在地の判
断は，その企業の定款で記載されている住所，株主総会が開かれる場所，又は
本店所在地とされている。さらに，インターネット等による電子商取引の場合
は，例えば甲国で企業活動が行われていたとするならば，消費者は甲国で訴訟
を提起することができる。

2. 訴訟手続

　日本の民事訴訟では，裁判所に訴えを提起した側の当事者を「原告」とい
い，訴えを提起された側の当事者を「被告」といい，裁判は，原告が裁判所に
「訴状」を提出することから始まる。裁判所は，訴状に不備がないときは，口
頭弁論の期日を指定し，被告あてに訴状を送達する。これに対し，被告は，口
頭弁論の期日までに，訴状に記載された事実関係の認否や事実・法律問題に関
する主張を述べた「答弁書」を裁判所に提出する。

　裁判では，原告と被告は，法廷（裁判官の面前）で，お互いに証拠を出し
合って事実上・法律上の問題を争う。裁判所（裁判官）は双方の言い分を確か
め，証拠に基づき法律に照らして，原告の請求あるいは被告の主張のいずれか
を正当とする判決を言い渡す。

　敗訴判決を受けた一方の当事者は，判決を受け入れるときは確定させて，判
決の内容を実現することになるが，敗訴判決を不服とするときは，上級裁判所
に判断を求めることになる（上訴）。日本の裁判所においては，通常の案件で
は三審制が採用されている。第一審の判決に不服で第二審の裁判を求めること
を控訴，第二審の判決に不服で第三審の裁判を求めることを上告という。例え
ば，第一審が地方裁判所，第二審が高等裁判所，第三審が最高裁判所である。

　このような，裁判の一連の流れは，基本的にはどの国も同じであるが，コモ
ン・ローの国（例えば，アメリカやイギリス）では，シビル・ローの国々とは
多少異なる。

2. 訴訟手続　177

日本では，民事訴訟を規律した民事訴訟法が基本であるが，アメリカでは，連邦民事訴訟規則（Federal Rules of Civil Procedure）という裁判所規則が連邦裁判所における民事訴訟に関する手続きを定めた一般法であり，各州の裁判所における民事訴訟に関する手続きを定めた法令の基本となっている。EUは，上記のブラッセルI規則が，民事訴訟の基本となっている。

アメリカの民事訴訟で，重要なものが，陪審制（jury system）とディスカバリー（証拠開示手続）（discovery）である。陪審制とは，刑事訴訟や民事訴訟の審理に際して，民間から無作為で選ばれた陪審員によって構成される合議体が評議によって事実認定を行う司法制度である。陪審員の人数は6〜12名である場合が多く，その合議体を陪審という。陪審は，刑事事件では原則として被告人の有罪・無罪について，民事事件では被告の責任の有無や損害賠償額等について判断する。また，陪審の結果を評決（verdict）という。

ディスカバリーとは，相手方又は第三者が保有する情報の開示を求める制度である。この制度は，日本が裁判の中で，訴訟戦略として，自己に有利な証拠を徐々に出して行くのに対し，アメリカのディスカバリーは，自分に都合の良い証拠だけでなく，すべての証拠を，裁判の審理の前に開示しなければならない。なお，ディスカバリーは，両当事者の代理人（弁護士）が中心となって行われ，陪審や裁判所は原則として関与しない。

【事例 16−2】

> A社は，東京に本社のあるAIロボットの製造・販売をしているAI企業である。A社は，アメリカのB社とAIロボットの売買契約に関してトラブルが生じ，アメリカで訴訟を提起することにした。そのため，ディスカバリーの準備のため，ありとあらゆる証拠を収集し始めた。

ディスカバリーの手段としては，質問書（interrogatories），文書提出要求（requests for production of documents and other things），証言録取（デポジション）（depositions），自白要求（requests to admit）がある。文書提出要求を受けた場合，原則として30日以内に書面による回答をしなければならない。これらに対して，文書改ざん・隠蔽した場合は，裁判所侮辱罪となる。

178　第16章　紛争解決

このように，訴訟手続は，国によって異なり，また時間・労力・コストがかかるため，グローバル企業の紛争解決手段としては，避ける傾向がある。

3. 代替的紛争解決制度（ADR）

　企業のビジネス活動では，様々なトラブルが発生する。そのため，当事者同士で話し合うことが行われるが，どうしても解決することができず，争いになることがある。このような場合，いきなり訴訟を提起するのではなく，第三者に斡旋や調停を依頼して，紛争を解決しようとすることも少なくない。

　特に，世界規模でビジネスを展開するグローバル企業にとっては，訴訟手続は国によって異なり，時間・労力・コストがかかる等，コスト・パフォーマンス的にみて最善の方法とは言えない場合がある。このような場合に，斡旋や調停等の裁判外手続である代替的紛争解決制度（Alternative Dispute Resolution：ADR）が利用される。

【事例 16−3】

　A社は，東京に本社のある AI ロボットの製造・販売をしている AI 企業である。A社は，甲国の B 社と AI ロボットの売買契約を締結することになったが，甲国がニューヨーク条約の加盟国であるので，紛争解決手段として，一般の訴訟手続は回避し，仲裁による解決とするため仲裁条項を含めた。

　ADR とは，訴訟手続によらない紛争解決方法を広く指すものをいう。紛争解決の手続きとしては，当事者間による交渉と裁判所による法律に基づいた裁断との中間に位置するものとしてとらえることができる。なお，ADR は相手が合意しなければ行うことはできないが，紛争解決方法としては，代表的なADR 手法としては，仲裁（arbitration）と調停（mediation）がある。

　仲裁とは，裁判によらずに，当事者が選んだ仲裁人によって解決する手続きである。仲裁を行う各国では仲裁法に相当する法令があり，仲裁手続はこれに服することになるが，国連国際商取引法委員会（UNCITRAL）が定めた

3. 代替的紛争解決制度（ADR）　179

「UNCITRAL 国際商事仲裁モデル法」におおむね準拠している。日本の仲裁法も、これに準拠している。

　仲裁を利用するためには、当事者間の契約書の紛争解決条項に、あらかじめ仲裁合意をする旨の規定（仲裁合意条項）を入れておくのが一般的であり、仲裁によって紛争を解決することについての当事者間の合意（仲裁合意）が必要だが、紛争が起こってから相手方と相談して、仲裁で解決しようと合意することも可能である。

　仲裁には、機関仲裁とアドホック仲裁とが存在する。機関仲裁とは常設の専門仲裁機関に仲裁を依頼して行われるものである。一方、アドホック仲裁とは案件ごとに当事者間での合意に基づいて手続きすることにより仲裁するというものである。

　仲裁人は、当事者が選ばなければ、裁判所等の機関（選任機関）の手助けを得て選ぶ。多くの場合、弁護士、裁判官経験者や法律学者が選ばれるが、各分野の専門家も仲裁人として選任される場合が多い。仲裁は、仲裁人が手続きをかなり柔軟に決められるという特徴がある。

　なお、一般の訴訟と異なり、仲裁の場合は非公開で行われ、手続き進行も柔軟に行われる。また、一般の訴訟が、弁論主義であるのに対し、仲裁は、後見的・職権探知主義で行われる。なお、弁論主義とは、判決の基礎となる事実に関する資料の収集・提出は当事者の権能・責任であるとする原則であるのに対し、職権探知主義とは、裁判所が判断を下すための証拠資料を自ら収集するという原則である。

　すなわち、弁論主義では、証拠資料の提出は当事者の権能かつ責任とされるが、これに対し、職権探知主義は、裁判所が職務の一環として事実関係の審査を行うことになる。これを職権証拠調べという。

　また、判決・判断の執行力については、訴訟の場合、仮に日本の裁判所で勝訴判決を得たにもかかわらず、相手方が判決に従わないときには強制執行をすることになる。ところが、相手方が所在する国によっては、日本の裁判所で得た判決をその相手方の国で執行できないこともある。

　例えば、中国は、日本の裁判所の判決について承認・執行を認めていない。その他、多くのアジアの新興国においては、日本の裁判所の判決について確実

180　第 16 章　紛争解決

な執行は期待できない。

　一方，仲裁は，仲裁判断の承認・執行については，「外国仲裁判断の承認及び執行に関する条約」（ニューヨーク条約）が存在する。この他，ジュネーブ議定書，ジュネーブ条約等の多国間条約や，二国間の通商条約等が存在する。

　その中心的な条約がニューヨーク条約だが，ニューヨーク条約は，仲裁合意の無効や手続上の重大な瑕疵等，極めて限られた承認・執行拒絶事由に該当しない限り，締約国が外国の仲裁判断の承認・執行を約束するものであり，現在約 150 カ国が締約国となっている。例えば，中国，タイ，インドネシア，ベトナム，ミャンマーといった国々もすべて締約国に含まれている。

　このように，グローバル企業の紛争解決手段としては，仲裁の方が訴訟よりも手続きが簡素であり，訴訟と異なり，原則 1 回の仲裁判断で終了すること，また訴訟費用よりも安価であること等から，広く利用されている。ただし，場合によっては，訴訟よりも時間・労力・コストがかさむこともあるので注意が必要である。

　なお，代表的な仲裁機関としては，アメリカ仲裁協会（American Arbitration Association：AAA），国際商工会議所仲裁裁判所（Court of Arbitration, International Chamber of Commerce：ICC），ロンドン国際仲裁裁判所（London Court of International Arbitration），中国国際経済貿易仲裁委員会（China International Economic and Trade Arbitration Commission：CIETAC），香港国際仲裁センター（Hong Kong International Arbitration Center：HKIAC），シンガポール国際仲裁センター（Singapore International Arbitration Centre：SIAC），WIPO 仲裁センター（WIPO Arbitration Center），等がある。

練習問題

1. 「法の適用に関する通則法」について調べてみよう。
2. 民事訴訟法 3 条の 3 及び 3 条の 4 を読んでみよう。
3. アメリカの連邦民事訴訟規則について調べてみよう。
4. ブラッセル I 規則について調べてみよう。
5. UNCITRAL 国際商事仲裁モデル法について調べてみよう。

第 17 章

企業の社会的責任と ESG 投資

◆**学習のねらい**··

　営利を目的とする企業にとって，投資家から資金を集め，経営によって生み出された利益を，投資家に還元することが第一義の目的（営利目的）である。しかし，それだけを目的としていたのでは，公の器としての社会的責任を果たすことができない。

　この章では，企業の社会的責任（CSR）と ESG 投資について学習しよう。

··

1.　企業の社会的責任

　企業の社会的責任（Corporate Social Responsibility：CSR）とは，企業が倫理的観点から事業活動を通じて，自主的に社会に貢献する責任のことである。すなわち，企業が，市民，地域及び社会に貢献し，経済上，社会上の問題に取り組むバランスのとれたアプローチを採り，企業をとりまく消費者，投資家等，及び社会全体等の利害関係者（ステークホルダー）からの要請に積極的に対応することが求められる概念である。

　最も基本的な CSR 活動は，利害関係者に対して企業活動についての説明責任を果たすことであるとされる。インベスター・リレーションズ（Investor Relations：IR）の活動は，その代表例である。なお，インベスター・リレーションズ（IR）とは，企業が投資家に向けて経営状況や財務状況，業績動向に関する情報を発信する活動をいう。

182　第 17 章　企業の社会的責任と ESG 投資

　特に，環境問題に対する企業の責任が唱えられたのをきっかけに，様々な利害関係者（ステークホルダー）に対する責任が問題とされるようになった。現在は，環境はもちろん，労働安全衛生・人権，雇用創出，品質，取引先への配慮等，CSR の対象は，幅広い分野に拡大している。

　国連では，「人権」「労働」「環境」「腐敗防止」の 4 分野に関して，グローバル・コンパクト（United Nation Global Compact：UNGC）として 10 原則として掲げている。この 10 原則とは，①人権擁護の支持と尊重（原則 1），②人権侵害への非加担（原則 2），③結社の自由と団体交渉権の承認（原則 3），④強制労働の排除（原則 4），⑤児童労働の実効的な廃止（原則 5），⑥雇用と職業の差別撤廃（原則 6），⑦環境問題の予防的アプローチ（原則 7），⑧環境に対する予防的イニシアチブ（原則 8），⑨環境にやさしい技術の開発と普及（原則 9），⑩強制や贈収賄を含むあらゆる形態の腐敗防止の取組み（原則 10），である。

　これら国連のグローバル・コンパクトに定める 4 分野（人権，労働，環境，腐敗防止）の 10 原則は，いずれも普遍的な価値として国際社会で認められている。このように，国連のグローバル・コンパクトは，企業の社会的責任において，人権，労働，環境，腐敗防止の分野での実質的な行動原則として価値あるものである。

　国連のグローバル・コンパクト 10 原則のほか，CSR に関して重要なものとして，国際標準化機構（International Organization for Standardization：ISO）が定めた国際規格である ISO26000 がある。国際標準化機構（ISO）とは，工業に関する国際標準を策定するスイスに本部がある非営利団体であり，品質管理に関する標準規格の ISO9001 や，環境マネジメントに関する ISO14001 がある。

　ISO26000 とは，2010 年 11 月に ISO より発行された「社会的責任に関する手引き」である。ただし，ISO の他の標準規格が認証機関による認証を受けることを前提としているのに対し，この ISO26000 は認証を求めておらず，いわゆるガイドラインとして位置付けられている。

　ISO26000 では，企業の社会的責任の原則として，①説明責任，②透明性，③倫理的な行動，④ステークホルダーの利害の尊重，⑤法の支配の尊重，⑥国

際行動規範の尊重，⑦人権の尊重，の7つを挙げている。また，ISO は，これらの原則とともに，中核主題として，①組織統治，②人権，③労働慣行，④環境，⑤公正な事業慣行，⑥消費者課題，⑦コミュニティー参画及び開発，の7つを挙げている。このうち7原則のうち，最も重要なものが①の組織統治とされている。

【事例 17−1】

> A 社は，東京に本社のある AI ロボットの製造・販売をしている AI 企業である。A 社は，企業の社会的責任として CSR 活動に積極的に取り組んでいるが，その基本となるものは，UNGC と ISO26000 である。また，A 社は，毎年，CSR 報告書を公表している。

日本では，ISO26000 を日本国内で普及・拡大させることを目的に，経済産業省が ISO26000 の内容を基に日本工業規格（JIS）化を進め，2012 年 3 月に「JIS Z 26000」が公開された。また，経済産業省だけではなく，経団連も「経団連企業行動憲章」を，ISO26000 を意識した形で 2010 年に改正している。

グローバル企業に限らず，一般の企業においても，それぞれ CSR の対策を行っているが，上記の ISO26000 にいかに対応しているかを示した，ISO26000 対照表を作成しているところが多い。例えば，某グローバル企業では，CSR の対象分野として，①コーポレート・ガバナンス，②企業倫理とコンプライアンス，③人材，④責任あるサプライチェーン，⑤品質・カスタマーサービス，⑥環境，⑦コミュニティー活動，を挙げており，それぞれ ISO26000 の 7 つの中核主題に対する対照表を作成している。

2. ESG 投資

CSR に関連したものとして ESG 投資がある。ESG 投資とは，環境（Environment），社会（Social），企業統治（Governance）に配慮している企業を重視し，選別することにより行う投資のことをいう。特に，環境では二酸化炭素の排出量削減や化学物質の管理，社会では人権問題への対応や地域社会での

184　第 17 章　企業の社会的責任と ESG 投資

貢献活動，企業統治ではコンプライアンスのあり方，社外取締役の独立性，情報開示等を重視するもので，これらを行っている企業，すなわち ESG を重視し，積極的に取り組んでいる企業に対する投資をいう。近年，その投資額は急増し，2016 年現在，その投資額は 2,500 兆円にのぼる。

　このような考え方は以前からあったが，その契機の一つが，南アフリカ共和国のアパルトヘイト問題から，南アフリカ共和国進出企業に対して株主による反対運動が起き，この結果として，GM 等のアメリカ企業が南アフリカ共和国から撤退したことが挙げられる。また，1990 年代には，ナイキやアップルといったグローバル企業が，労働者の人権問題，環境問題等で NGO から責任を問われる等，ESG 投資への対応如何によっては，グローバル企業の新たなビジネスリスクになり得る。

　その後，2000 年代になると，社会問題への対応に優れた企業を選んで投資するポジティブ・スクリーニングが広がった。また，2005 年前後から，特に2006 年の国連責任投資原則（Principles for Responsible Investment：UNPRI）が公表されて，ESG 投資という概念が広がった。

　これは，2006 年に国連のアナン事務総長（当時）が機関投資家に対し，ESG を投資プロセスに組み入れる「責任投資原則」（Principles for Responsible Investment：PRI）を提唱したことが最初のきっかけである。その後，2008 年のリーマン・ショック後に資本市場で短期的な利益追求に対する批判が高まったことも PRI の署名機関増加につながり，2018 年 4 月時点で 2000近い年金基金や運用会社等が PRI に署名している。

【事例 17−2】

> 　A 社は，東京に本社のある AI ロボットの製造・販売をしている AI 企業である。投資家である B 氏は，CSR，特に，環境（E），社会（S），企業統治（G）に積極的に取り組んでいる A 社を，ESG 投資先として，積極的に投資することに決めた。

　ESG 投資に似た概念としては，社会的責任投資（Socially Responsible Investment：SRI）がある。本質的に違いはないものの，SRI が倫理的な価

値観を重視することが多いとされるのに対し，ESG 投資は長期的にリスク調整後のリターンを改善する効果があるとされている。すなわち，ESG 投資の背景には，CSR を積極的に行う企業でなければ，社会から認められず，ひいては顧客をも失うという考え方がある。逆に，CSR を積極的に取り組む企業は，顧客や社会の支持を広く受け，長期的に見れば，リターンを期待できる投資先として有力であるという評価が前提としてある。

　なお，ESG 投資関連の国際認証も整備されつつある。例えば，木材製品に見かけるエコラベルである FSC（Forest Stewardship Council）（森林管理協議会）がある。これは，森林の環境保全に配慮し，地域社会の利益にもかない，経済的にも継続可能な形で生産された木材に与えられるもので，そのような製品に付与される。

　また，「海のエコラベル」と言われる MSC（Marine Stewardship Council）（海洋管理協議会）がある。これは，海洋の自然環境や水産資源を守って獲られた水産物に与えられる。その他，養殖による水産物を認証する ASC（Aquaculture Stewardship Council）（水産養殖管理協議会），流通の認証である CoC（Chain of Custody），薬品や香料（アロマ），食品等に含まれる植物の FAIRWILD（フェアワイルド）等がある。

3. CSR 報告書と IR

　CSR 報告書とは，企業が，環境や社会問題等に対して企業は倫理的な責任を果たすべきであるとする CSR の考え方に基づいて，企業の CSR の社会的な取組みをまとめた報告書をいう。この報告書は，別名，持続可能性報告書とも呼ばれるように，企業の持続可能性について，環境，労働，安全衛生，社会貢献等に関する情報や，事業活動に伴う環境負荷等を幅広く公開するものである。定期的に，CSR 報告書を公開している企業が多い。

　この CSR 報告書は，ESG 投資に欠かせないもので，財務・収益情報等を記した財務諸表等と同様，インベスター・リレーションズ（IR）にとって重要である。IR 活動は既存の法定の情報開示とは異なり，どういう情報を，どれだけ，いつ開示するのか，すべて企業側に任されており，基本的に自由な活動

である。そのため，IR により良好な企業イメージ作りに貢献する余地は大きく，企業の CRS の活動状況を一般に知らしめるには絶好の機会となる。ESG 投資家は，これらの IR を評価して投資先を決めることとなる。

練習問題

1. 国連のグローバル・コンパクト（UNGC）について調べてみよう。
2. ISO26000 について調べてみよう。
3. JIS Z 26000 について調べてみよう。
4. 国連責任投資原則（UNPRI）について調べてみよう。
5. ESG ランキングを調べてみよう。
6. 花王のパーム油確保の取組みについて調べてみよう。
7. ESG 投資の国際認証にはどのようなものがあるか調べてみよう。

和文索引

【あ行】

アドホック仲裁……………………………179
安全保障貿易管理…………………… 68, 70
アンチトラスト法……………………………109
委員会等設置会社…………………… 15, 16
域外適用…………………… 76, 110, 118
移転価格税制…………………… 129, 130
インコタームズ………………… 37, 50, 51
インフォーム要件……………………………74
インベスター・リレーションズ…… 181, 185
ウイーン売買条約………………… 37, 38
運賃込本船渡し……………………………51
運賃・保険料込本船渡し……………………51
営業秘密管理指針……………………………62
営業秘密の保護に関する EU 指令 ………142
エージェンシー理論……………………………161
黄金株………………………………………99
黄金の落下傘………………………………99
欧州連合の機能に関する条約……………110
オーストラリアグループ…………… 70, 71

【か行】

海外腐敗行為防止法………………… 114, 116
外国為替及び外国貿易法……………………73
外国為替管理令……………………………73
外国為替送金……………………………46
外国公務員贈賄罪……………………………113
外国公務員贈賄防止条約……………………114
外国公務員不正利益供与罪……………………113
外国裁判所の承認及び執行に関する条約
　…………………………… 37, 38, 180
外国ユーザーリスト……………………………75
該非判定……………………………………74

化学兵器禁止条約……………………………72
核兵器不拡散条約……………………………71
家族・医療休暇法……………………………154
課徴金減免制度……………………………108
株式公開買い付け…………………… 97, 98
株式交換……………………………………93
カリフォルニア州公務員退職年金基金…168
カルテル……………………………………103
カルパース……………………………………168
関税及び貿易に関する一般協定…………40
関税番号……………………………………52
カントリー・リスク……………………………41
企業会計基準委員会……………………………124
企業の社会的責任……………………………181
偽造品の取引の防止に関する協定………60
基本定款……………………………………18
キャッシュフロー計算書……………………121
キャッチオール規制…………… 69, 74
吸収合併……………………………………91
金融商品取引所……………………………124
グリーンブリー報告書……………………169
クレイトン法……………………………………109
グローバル・コンパクト……………………182
軍需品リスト……………………………………71
軍民両用品……………………………………71
経済協力開発機構…………………… 114, 132
経済スパイ活動……………………………139
原産地名称の保護及び国際登録に関する
　リスボン協定……………………………60
原子力供給国グループ…………… 70, 71
公益通報者保護……………………………118
工業所有権の保護に関するパリ条約……57
公正取引委員会…………… 61, 103, 108
拘束的企業準則……………………………141

口頭証拠排除法則……………………25
高度技術汎用品…………………………69
高度プロフェッショナル制度…………152
合弁企業……………………………80, 84
国際会計基準…………………………125
国際緊急経済制限法……………………76
国際合弁契約……………………………26
国際裁判管轄…………………………172
国際商業会議所……………………37, 39
国際商工会議所仲裁裁判所…………180
国際商事仲裁モデル法…………………39
国際商取引における外国公務員に対する
　贈賄の防止に関する条約……………114
国際通貨基金協定………………………38
国際的二重課税………………………130
国際特許分類に関するストラスブール
　協定……………………………………60
国際標準化機構………………………182
国際物品売買契約に関する国連条約
　………………………………………37, 38
国連国際商取引法委員会………38, 39, 178
個人情報保護に関する法律…………136
コーポレートガバナンス・コード……166
雇用管理制度…………………………149
ゴールデン・パラシュート……………99
コルレス銀行………………………48, 49
コンプライアンス・プログラム………77
コンプライ・オア・エクスプレイン……166

【さ行】

サイバーセキュリティ基本法…………145
裁判管轄………………………………171
詐欺防止法………………………………25
サパンⅡ法……………………………118
サービス・レベル・アグリーメント……36
サーベンス・オクスリー法…………168
事業再編………………………89, 90, 94
事業者団体における差別取扱い等……104
事業譲渡…………………………………90
資金洗浄………………………………132

執行役……………………………16, 18
指定保税地域……………………………45
事物管轄………………………………172
司法取引………………………………115
指名委員会等設置会社……………15, 17
シャーマン法…………………………109
収益認識に関する会計基準の適用指針…124
従業員退職所得保障法………………168
集積回路についての知的財産に関する
　条約……………………………………60
州籍相違………………………………174
主権免除………………………………171
準拠法……………………………37, 170
障害者雇用促進法……………………158
使用許諾（ライセンス）契約………26, 61
証言録取………………………………177
証拠開示手続…………………………177
商標法条約………………………………60
商標法に関するシンガポール条約………60
商品の名称及び分類についての統一システ
　ムに関する国際条約…………………52
商務省規制品目リスト…………………76
職業安全衛生法………………………154
職権探知主義…………………………179
新設合併…………………………………91
人的資源管理…………………………147
信認義務…………………………………18
信用状（L/C）決済……………………47
スタッガードボード……………………99
スチュワードシップ・コード……166, 167
ストックオプション…………………156
スポット取引……………………………36
税源浸食と利益移転…………………132
生物兵器禁止条約………………………72
整理解雇………………………………153
世界貿易機関……………………………40
責任投資原則…………………………184
絶対多数条項……………………………99
先願主義…………………………………65
先例拘束性………………………………24

和文索引　　189

先例法理‥‥‥‥‥‥‥‥‥‥‥‥‥‥24
総合保税地域‥‥‥‥‥‥‥‥‥‥‥‥45
相互協議‥‥‥‥‥‥‥‥‥‥‥‥‥130
贈収賄防止法‥‥‥‥‥‥‥‥‥‥‥117
租税回避地‥‥‥‥‥‥‥‥‥‥‥‥131
租税条約‥‥‥‥‥‥‥‥‥‥‥‥‥38
訴追延期合意‥‥‥‥‥‥‥‥‥‥‥118

【た行】

対共産圏輸出統制委員会‥‥‥‥‥‥70
第三次不正競争リステイトメント‥‥‥137
対人管轄権‥‥‥‥‥‥‥‥‥‥‥‥174
代替的紛争解決制度‥‥‥‥‥‥‥‥178
対敵取引規制法‥‥‥‥‥‥‥‥‥‥76
代理店保護法制‥‥‥‥‥‥‥‥‥‥81
タックス・ヘイヴン‥‥‥‥‥‥131, 132
知的財産権の貿易関連の側面に関する
　協定‥‥‥‥‥‥‥‥‥‥‥‥‥‥59
知的財産の利用に関する独占禁止法上の
　指針‥‥‥‥‥‥‥‥‥‥‥‥61, 62
仲裁‥‥‥‥‥‥‥‥‥‥‥‥38, 39, 178
忠実義務‥‥‥‥‥‥‥‥‥‥‥‥‥15
調停‥‥‥‥‥‥‥‥‥‥‥‥‥‥‥178
通常兵器及び関連汎用品・技術の輸出管
　理に関するワッセナーアレンジメント‥70
ディスカバリー‥‥‥‥‥‥‥‥‥‥176
ティン・パラシュート‥‥‥‥‥‥‥99
敵対的買収‥‥‥‥‥‥‥‥‥‥‥‥97
デッドロック条項‥‥‥‥‥‥‥‥‥84
デポジション‥‥‥‥‥‥‥‥‥‥‥177
デュアルユース品‥‥‥‥‥‥‥‥‥69
デューディリジェンス‥‥‥94, 95, 96
デラウェア会社法‥‥‥‥‥‥‥‥‥17
統一営業秘密法‥‥‥‥‥‥‥‥‥‥137
統一商事法典‥‥‥‥‥‥‥‥‥25, 30
投資ファンド‥‥‥‥‥‥‥‥‥‥‥100
特別目的会社‥‥‥‥‥‥‥‥‥‥‥128
毒薬条項‥‥‥‥‥‥‥‥‥‥98, 168
独立企業間価格‥‥‥‥‥‥‥‥‥‥129
特許協力条約‥‥‥‥‥‥‥‥‥58, 60

トレード・シークレット‥‥‥‥‥‥134

【な行】

内国貨物‥‥‥‥‥‥‥‥‥‥‥‥‥44
内国民待遇‥‥‥‥‥‥‥‥‥‥‥‥58
荷為替信用状統一規則及び慣習‥‥‥37
二重課税‥‥‥‥‥‥‥‥‥‥‥‥‥130
ニューヨーク条約‥‥‥‥‥‥37, 38, 180
ネガティブ・コンセンサス方式‥‥‥40

【は行】

バイラテラルAPA‥‥‥‥‥‥‥‥‥130
ハゲタカファンド‥‥‥‥‥‥‥‥‥100
働き方改革を推進するための関係法律の
　整備に関する法律‥‥‥‥‥‥‥‥152
パテント・トロール‥‥‥‥‥‥63, 64
パートナーシップ‥‥‥‥‥‥‥‥‥16
パリ条約‥‥‥‥‥‥‥‥‥‥‥‥‥57
万国著作権条約‥‥‥‥‥‥‥‥‥‥66
反トラスト法‥‥‥‥‥‥‥‥‥‥‥109
販売店契約‥‥‥‥‥‥‥‥‥‥26, 80
汎用品リスト‥‥‥‥‥‥‥‥‥‥‥71
秘密管理性‥‥‥‥‥‥‥‥‥‥62, 135
秘密保持契約‥‥‥‥‥‥‥26, 35, 62
標準契約約款‥‥‥‥‥‥‥‥‥‥‥141
標章の国際登録に関するマドリッド協定
　の議定書‥‥‥‥‥‥‥‥‥‥‥‥59
ファンド・マネージャー‥‥‥‥‥‥100
フェアユース‥‥‥‥‥‥‥‥‥65, 66
武器輸出管理法‥‥‥‥‥‥‥‥‥‥76
船積依頼書‥‥‥‥‥‥‥‥‥‥‥‥46
船積書類‥‥‥‥‥‥‥‥‥‥‥‥‥48
船荷証券‥‥‥‥‥‥‥‥‥‥‥46, 48
腐敗行為防止法‥‥‥‥‥‥‥‥‥‥118
ブラッセル体制‥‥‥‥‥‥‥‥‥‥175
フランチャイズパッケージ‥‥‥‥‥86
ブリキの落下傘‥‥‥‥‥‥‥‥‥‥99
文学的及び美術的著作物の保護に関する
　ベルヌ条約‥‥‥‥‥‥‥‥‥‥‥58
米国愛国者法‥‥‥‥‥‥‥‥‥‥‥144

190 和文索引

米国証券取引委員会……………………117
米国輸出管理規則…………………… 76
ベルヌ条約……………………………… 58
ベンチャー企業…………………… 11, 12
ポイズンピル………………………98, 168
貿易に関する二国間協定…………… 37
包括的核実験禁止条約………………… 71
法定管轄………………………………172
保税地域………………………………… 45
ポリティカル・リスクサービス………… 41
ホワイト国……………………………… 74
ホワイトナイト………………………… 99
ボーン・グローバル企業………………… 3
本船渡し……………………………… 51

【ま行】

マドリッド協定議定書………………… 59
マネジメント・バイアウト…………… 97
マネーロンダリング……………………132
ミサイル技術管理レジーム……… 70, 72
ムーディーズ・インベスターズ……… 41
持株会社…………………………………9
持分法…………………………………127
模範事業会社法………………………… 17

【や行】

約因……………………………………… 24
有期労働契約…………………………151
友好的買収……………………………… 97

輸出規制分類番号……………………… 76
輸出許可…………………………… 46, 74
輸出国銀行……………………………… 48
輸出申告………………………………… 46
輸出入・港湾関連情報処理システム…… 53
輸出入統計品目番号…………………… 52
輸出貿易管理令………………………… 73
ユニドロワ国際商事契約原則………… 40
輸入国銀行……………………………… 48
ユニラテラル APA ……………………130

【ら行】

リスト規制……………………………… 69
リニエンシー……………………………108
リバース・エンジニアリング…………… 64
リハビリテーション法………… 158, 159
リーマン・ショック……………………166
ルガノ条約……………………………175
連結キャッシュフロー計算……………128
連邦営業秘密保護法…………………138
連邦取引委員会法……………………109
連邦問題………………………………174
ロビンソン・パットマン法……………109
ロングアーム法………………………175
ロンドン国際仲裁裁判所………………180

【わ行】

ワシントン条約………………………… 53
ワッセナーアレンジメント………… 37, 70

欧文索引

【A】

Accounting Standards Board of Japan
（ABJ）……………………………124
Action Plan on Base Erosion and Profit
Shifting ……………………………133
Advance Pricing Agreement（APA）……130
Agency Theory ……………………………161
Agreement on Trade-Related Aspects
of Intellectual Property Rights………59
Aktiengesellschaft（AG）………………21
Alternative Dispute Resolution（ADR）
……………………………………………178
American Arbitration Association（AAA）
……………………………………………180
American Bar Association（ABA）………17
Americans with Disabilities Act of 1990
……………………………………………159
Anglo-American law ……………………24
Anti-Counterfeiting Trade Agreement
（ACTA）……………………………60
Antitrust Law ……………………………109
Aquaculture Stewardship Council（ASC）
……………………………………………185
Arbitration ………………28, 38, 178
Arms Export Control Act（AECA）………76
articles of incorporation ………………18
Atomic Energy Act（AEA）………………76
Australia Group（AG）…………………70
Avon Letter ………………………………168

【B】

Balance Sheet（B/ S）……………………121
Base Erosion and Profit Shifting（BEPS）
……………………………………………132
Bill of Lading（B/L）……………… 46, 50
Binding Corporate Rules（BCR）………141
binding precedents ……………………24
Biological Weapons Convention（BWC）
……………………………………………72
board of directors…………………………17
Born Global Enterprize …………………3
Bribery Act 2010………………………117
Brussel Regulation ……………………175
bylaws ……………………………………17

【C】

candidate for political office……………116
Cash Flow Statement（C/F）……………121
Centre de formalités des entreprises
（CFE）……………………………20
Chain of Custody（CoC）………………185
Chemical Weapons Convention（CWC）
……………………………………………72
Chief Executive Officer（CEO）………7, 18
Chief Finance Officer（CFO）……… 10, 18
Chief Legal Officer（CLO）………………7
Chief Operation Officer（COO）…………18
China International Economic and Trade
Arbitration Commission（CIETAC）
……………………………………………180
Clayton Antitrust Act……………………109
Commerce Control List（CCL）…………76
Company Directors Disqualification
Act 1986 ………………………………118
company limited by guarantee …………20
company limited by shares ……………20
competition law…………………………101

Comply or Explain 166

Comprehensive Nuclear Test Ban Treaty
　(CTBT) 71

consideration 24

Convention de Berne pour la protection
　des œuvres littéraires et artistiques ... 58

Convention de Paris pour la protection
　de la propriété industrielle 57

Convention on jurisdiction and the en-
　forcement of judgments in civil and
　commercial matters 175

Convention on the Recognition and
　Enforcement of Foreign Arbitral
　Awards 38

Coordinating Committee for Multilateral
　Export Control (COCOM) 70

Corporate Governance (CG) 160

Corporate Social Responsibility (CSR)
　.. 181

Correspondent Bank 48

Court of Arbitration, International
　Chamber of Commerce (ICC) 180

CSR 報告書 185

【D】

Defend Trade Secrets Act (DTSA) 138

Deferred Prosecution Agreement 118

Delaware General Corporation Law 17

Deliver and Shipment 28

Department of Justice (DOJ) 117

Discounted Cash Flow (DCF) 96

discovery 177

Distributor 80

Distributorship Agreement 80

diversity 148

domestic concerns 116

due diligence 94, 95

【E】

Economic Espionage Act of 1996 137

Employee Handbook 155

Employee Retirement Income Security
　Act (ERISA 法) 168

employee stock option 156

Employment at Will 154

entire agreement 26, 28, 29

ESG 投資 183

EU Data Protection Directive 95/46/EC
　.. 139

EU General Data Protection Regulation
　(GDPR) 140

EU 指令 86/653/EEC 81

Export Administration Act (EAA) 76

Export Administration Regulation
　(EAR) 76

Export Control Classification Number
　(ECCN) 76

Export License (E/L) 74

【F】

Fair Labor Standards Act (FLSA) 154

fair use 65

Family and Medical Leave Act (FMLA)
　.. 154

Federal Rules of Civil Procedure 177

Federal Trade Commission Act 109

fiduciary duty 18

Force Majeure 28

Foreign Crrupt Practices Act (FCPA)
　.. 114, 116

foreign official 116

foreign political party 116

Forest Stewardship Council (FSC) 185

Fortune Global 500 3

franchise (FC) 85

Free Carrier 51

Friendly Takeover 97

【G】

General Agreement on Triffs and Trade

（GATT） 40
General Counsel（GC） 7, 18
general partnership 16
General Provisions 28
Generally Accepted Accounting
　Principles（USGAAP） 126
Gesellschaft mit beschränkter Haftung
　（GmbH） 21
Gesellschafter 21
Globaly Integrated Enterprise（GIE）
　 1, 2
Good Faith Provision 28
Governing Law 28, 35, 170

【H】

Hardware/Infrastructure as a Service
　（HaaS/IaaS） 143
Harmonized Commodity Description and
　Coding System 52
Holdings Company 9
Hong Kong International Arbitration
　Center（HKIAC） 180
Hostile Takeover 97
HS コード 52
Human Resource 147

【I】

implied warranty 30
Income Statement 121, 122
Incoterms 37, 50
Information Security 145
Inspection and Claims 28
Intellectual Property 28
International Accounting Standards
　（IAS） 124
International Accounting Standards
　Committee（IASC） 124
International Chamber of Commerce
　（ICC） 36, 39
International Corporate Governance

Network（ICGN） 167
International Corporation 1, 2
International Emergency Economic
　Powers Act（IEEPA） 76
International Financial Reporting
　Standards（IFRS） 124
International Organization for
　Standardization（ISO） 182
Internet Service Provider（ISP） 60
Investment fund 100
Investor Relations（IR） 181
issuers 116
Issuing Bank 48

【J】

Japan's Modified International
　Standards（JMIS） 126
JETRO 82, 83
JIS Q 27002（ISO/IEC 27002） 145
Joint Venture（JV） 19, 84
jurisdiction 171
jury system 177

【K】

Kartell 103
Kommanditgesellschaft（KG） 21
Kommanditgesellschaft auf Aktien
　（KgaA） 21

【L】

L/C 開設銀行 48, 49
L/C 通知銀行 48, 49
leniency 108
Letter of Credit（L/C） 47
Letter of Intent 35
Limited Liability Company（LLC）
　 17, 131
limited partnership 17
Lisbon Agreement for the Protection of
　Appellations of Origin and their

International Registration 60
London Court of International
　Arbitration 180

【M】

Management Buy Out (MBO) 97
Marine Stewardship Council (MSC) ...185
Memorandum of Understanding (MOU)
　.. 26, 35, 95
Merger and Acqusition (M&A)
　.. 80, 88, 89
Minimum contact 175
Missile Technology Control Regime
　(MTCR) 70
Model Business Corporation Act (MBCA)
　... 17
money laundering 132
Multinational Corporation 1, 2

【N】

Negative Consensus Rule 40
Nippon Automated Cargo and Port
　Consolidated System (NACCS) 53
No Assignment 28
No Waiver 28, 31
Non-Disclosure Agreement (NDA)
　.. 26, 35
Nuclear Suppliers Group (NSG) 70, 71

【O】

Occupational Safety and Health Act
　(OSHA) 154
OECD 114, 115, 132
OECD コーポレート・ガバナンス原則
　... 167
Offene Handelsgesellschaft (OHG) 21
officer 16, 17
Opening Bank 48

【P】

Parol Evidence Rule 25
Patent Cooperation Treaty (PCT) 58
Patent Law Treaty (PLT) 60
patent troll 63
personal data (PD) 136
personal jurisdiction 174
personally identifiable information (PII)
　... 136
pertnership 16
Platform as a Service (PaaS) 143
principle of equal treatment 155
Principles for Responsible Investment
　(PRI) 184
Principles for Responsible Investment
　(UNPRI) 184
Proceeds of Crime Act 2002 118
Profit and Loss (P/L) 121, 122
Promissory Estoppel 26
Protocol Relating to the Madrid
　Agreement Concerning the
　International Registration of Marks
　.. 59
Public Company Accounting Reform and
　Investor Protection Act of 2002 169

【R】

R&I 41
Restatement of the Law Third, Unfair
　Competition 1993 137
Restatement (Second) of Contracts 24
reverse engineering 64
Robinson-Patman Act 109

【S】

Sales and Purchase Agreement 26
Sapin II Law 118
Sarbanes-Oxley Act (SOX 法) 168
Service Level Agreement (SLA) 36

欧文索引　**195**

Severabillity ································ 28, 31
Sherman Antitrust Act ················109
Shipping Advice ·························· 53
Shipping Document ····················· 50
Singapore International Arbitration
　Centre (SIAC) ·······················180
Singapore Treaty on the Law of
　Trademarks (STLT) ··················· 60
Socially Responsible Investment (SRI)
　···184
Société à responsabilité limitée (SARL) 20
Société anonyme (SA) ···················· 20
Société paraction simplifié (SAS) ········ 20
Software as a Service (SaaS) ············143
sole proprietorship·························· 16
sovereign immunity ·····················171
Special Purpose Company (SPC)
　································· 128, 163
Standard Contractual Clauses (SCC)
　···141
stare decisis································ 24
Statute of Fraud ·························· 25
stock option ·····························156
Strasbourg Agreement Concerning the
　International Patent Classification ··· 60
subject matter jurisdiction ··············174
subsidiary ································ 82

【T】

Table of Denial Orders (TDO) ············ 69
Takeover Bid (TOB) ····················· 98
tax haven ·······························131
The California Public Employees'
　Retirement System (CalPERS) ·······168
The Companies Act 1985 ················· 20
The Companies (Audit, Investigations
　and Community Enterprize) Act 2004
　··· 20
The Financial Service Markets Act 2000
　··· 20

The Working Time Directive 2003/88/EC
　···155
Trade Secret ····························· 35
Trade Terms ····························· 28
Trademark Law Treaty (TLT) ············ 60
Trading with the Enemy Act (AWEA)
　··· 76
Transfer pricing Taxation (TP) ········129
Treaty on Intellectual Property in
　Respect of Integrated Circuits ········· 60
Treaty on the Functioning of European
　Union ·······························110
Treaty on the Non-proliferation
　Nuclear Weapons (NPT) ············· 71
TRIPs 協定································ 59

【U】

U.S. Federal Trade Commission (FTC)
　··· 87
U.S. Securities and Exchange
　Commission (SEC) ·····················117
UNCITRAL Model Law on Cross-Border
　Insolvency with Guide to Enactment
　··· 39
UNCITRAL Model Law on International
　Commercial Arbitration ················ 39
UNCITRAL 国際商事仲裁モデル ········179
UNIDROIT Principles of International
　Commercial Contracts···················· 40
Uniform Commercial Code (U.C.C.)
　································· 25, 30
Uniform Customs and Practice for
　Documentary Credits (UCP) ············ 37
Uniform Trade Secret Act ················137
United Nation Global Compact (UNGC)
　···182
United Nations Commission on
　International Trade Law (UNCITRAL)
　······························ 38, 39, 178
United Nations Convention on Contracts

for the International Sales of Goods
(CISG) ·· 38

【V】

verdict ··177
Vulture fund ·······································100

【W】

Warranty ····································· 28, 30
Wassenaar Arrangement (WA) ·········· 70
WIPO Arbitration Center ·················180

著者紹介

髙田　寛（たかだ　ひろし）

　1953 年生まれ。明治学院大学法学部教授。企業法学会理事。国際取引法学会理事。GBL 研究所理事。静岡大学工学部卒，同大学院工学研究科修了（工学修士），筑波大学大学院ビジネス科学研究科企業法学専攻博士前期課程修了（修士（法学）），Florida Coastal School of Law 修了（LL.M）。外資系コンピュータメーカ，富山大学経済学部経営法学科教授を経て，2017 年から現職。

　主な著書に，『Web2.0 インターネット法—新時代の法規制』（文眞堂，2007 年），『やさしい法律情報の調べ方・引用の仕方』（文眞堂，2010 年）（共著），『企業責任と法—企業の社会的責任と法の役割・在り方』（文眞堂，2015 年）（共著），『世界の法律情報—グローバル・リーガル・リサーチ』（文眞堂，2016 年）（共著），『アメリカ契約法入門』（文眞堂，2018 年）等。

＊本書は，2018 年度明治学院大学学術振興基金補助金の受給により出版されたものである。

グローバル企業法講義

2019 年 2 月 15 日　第 1 版第 1 刷発行　　　　　　　　検印省略

著　者　髙　田　　　寛

発行者　前　野　　　隆

発行所　株式会社　文眞堂
　　　　東京都新宿区早稲田鶴巻町 533
　　　　電　話　03（3202）8480
　　　　FAX　03（3203）2638
　　　　http://www.bunshin-do.co.jp/
　　　　〒 162-0041 振替 00120-2-96437

製作・㈱真興社
ⓒ 2019
定価はカバー裏に表示してあります
ISBN978-4-8309-5017-9 C3032